船舶工匠系列教材
国家级重点技工学校推荐教材

船舶电工实训指导手册

唐　健　李守超　姜明妤　主编
李晓峯　韦方方　主审

哈尔滨工程大学出版社
Harbin Engineering University Press

内 容 简 介

本书共分为五个项目，分别介绍了安全用电知识，电工常用仪表的使用方法，灯具接线、焊接、电动机、电器的安装与接线、电磁制动器和仪用互感器的使用、电器运行常见故障及电缆的安全使用与维护等电工工艺，船舶锚机、舵机、制冷、辅助锅炉、油污水处理等系统及船内指令的控制原理，磁力启动器启动控制线路、互锁控制线路、行程控制线路、星－三角形启动控制线路、制动控制线路、交流双速锚机线路、船舶锅炉水箱水位电极式控制系统、单动舵机控制电路、船用泵自动切换控制、发电机组手动并车及手动解列等内容的实操训练。本书力求语言简明，强调实用性和理论实践一体化结合。

本书主要作为职业院校船舶工程专业教材，也可供船舶工程技术人员参考。

图书在版编目（CIP）数据

船舶电工实训指导手册/唐健，李守超，姜明好主编. —哈尔滨：哈尔滨工程大学出版社，2020.11
ISBN 978-7-5661-2819-5

Ⅰ.①船… Ⅱ.①唐… ②李… ③姜… Ⅲ.①船用电气设备－电工技术－技术手册 Ⅳ.①U665-62

中国版本图书馆 CIP 数据核字（2020）第 223390 号

选题策划 史大伟 薛 力
责任编辑 张志雯
封面设计 李海波

出版发行 哈尔滨工程大学出版社
社　　址 哈尔滨市南岗区南通大街 145 号
邮政编码 150001
发行电话 0451-82519328
传　　真 0451-82519699
经　　销 新华书店
印　　刷 哈尔滨市石桥印务有限公司
开　　本 787 mm×1 092 mm 1/16
印　　张 6.5
字　　数 146 千字
版　　次 2020 年 11 月第 1 版
印　　次 2020 年 11 月第 1 次印刷
定　　价 22.50 元
http://www.hrbeupress.com
E-mail:heupress@hrbeu.edu.cn

前　言

近年来,我国造船工业飞速发展,造船工业在国防工业和国民经济中的地位越来越突出,船舶工程技术专业中等职业教育也得到了蓬勃的发展。船舶电工是船舶工程专业一门重要的专业课程。为贯彻国务院《关于加快发展现代职业教育的决定》和教育部《关于深化职业教育教学改革 全面提高人才培养质量的若干意见》精神,落实《上海市人民政府关于大力发展现代职业教育的决定》中提出的"推动国家产业发展急需的示范专业建设"的要求,进一步推进学校专业的内涵发展、特色发展和创新发展,江南造船集团职业技术学校面向国际水平专业的前沿方向,瞄准全国最优专业,适应船舶工业发展的形势,满足船舶工程技术中等职业教育人才培养的需要,遵照"必须、够用"的原则,以培养适应技术进步和生产方式变革,以及社会公共服务需求的高素质劳动者和知识型、发展型技术技能人才为目标,组织编写了本书。以钢质海船的建造为背景,介绍了安全用电、电工仪表、电工工艺、船舶系统控制的知识及实操训练。

参加本书编写工作的有唐健、李守超、姜明妤。

本书由李晓峯、韦方方担任主审,另有陈昌友、郭志刚参与审稿,在此表示衷心感谢!

由于编者水平有限,书中疏漏甚至错误之处在所难免,敬请读者批评指正,以便在今后的教学中和再版时改正。

编者

2020 年 8 月

目　　录

项目一　安全用电知识

任务一　触　　电

一、触电方式

触电是指人体触及带电体而受到较高电压及较大电流的作用,导致局部受损或死亡的现象。触电可分为以下三种方式:

(1)双线触电:人体同时触及二相电压,此时人体承受较高的线电压,而且电流会通过内脏,这种触电危险性最大(图1－1(a))。

(2)中性点接地的三相四线中单相触电:电流通过人体和中性接地点形成闭合回路,此时人体只承受相电压,危险性仍然较大,但相对双线触电要小一些(图1－1(b))。

(3)电源中性点不接地的系统中单相触电:此时人体电阻与另两相的绝缘电阻串联后接于线电压,其危险程度主要取决于对地绝缘电阻和人体电阻的大小(图1－1(c))。

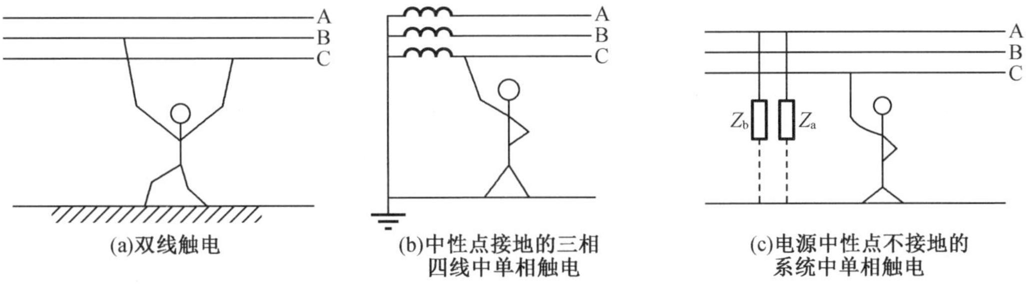

图1－1　触电方式

二、触电的原因、预防及安全用电注意事项

1. 原因

(1)操作者没有领会有关规程,在思想上麻痹,违反操作规程或误操作而触电。

(2)电线或电线的绝缘层老化或机械碰伤,使绝缘层损坏,人们不慎碰到带电导体而触电。

(3)雨天或电气设备溅上了水,使电气设备绝缘能力降低而漏电,造成触电事故。

(4)电气设备的保护接地或保护接零装置损坏。

2. 预防

(1)认真学习并严格遵守安全操作规程,强化安全意识。

(2)做好设备的维修保养,保持设备绝缘良好及接地保护装置完好。

(3)遇到绝缘损坏及时处理,使之符合安全要求,防止事故扩大。

3. 安全用电注意事项

(1)工作服应扣好衣扣,必要时扎紧裤脚,不应把手表、钥匙等金属物带在身上;工作时应穿着胶底安全鞋或干布鞋。

(2)检查自己用的工具是否完备和良好(如各种钳柄的绝缘),如果发现有缺欠,应及时更换。

(3)电气器具的电线、插头必须完好。插头应与所用插座相吻合,无插头的移动电器不准使用。36 V 以上的电气器具应备有接地触头的插头,以便连接保护接地线或接中线。

(4)不要先开启开关后再连接电源,禁止用湿手或在潮湿的地方使用电器或开启开关。

(5)修理任何线路或线路上的电器时,应自电源处拿掉熔断器,并挂上警告牌。修理完毕后,通电前应先查看线路有无其他人在工作,确认无人后,方可装上熔断器,合上开关。

(6)换熔丝时,一定要先拉开关,并换上规定容量的熔丝,不得用铜丝或其他金属丝代替。

(7)检查电路是否有电时只能用万用表、验电笔。在未确定无电前不能进行工作,带电作业必须经由电气负责人批准,作业时必须由两人一同进行。在带电作业时,应尽可能用一只手接触带电设备。

(8)在带电设备上严禁使用钢卷尺和带有金属的尺进行测量工作。

(9)在维修和检查有大电容器的电气装置时,应将电容器充分放电,必要时可短接后再进行工作。

(10)工作完毕后检查、清点工具,不要遗漏,特别是在配电板、发电机等重要设备附近工作时更应注意。

三、触电的急救

发现有人触电应立即组织抢救。

1. 迅速脱离电源

触电者触电后会出现肌肉痉挛,往往不能自动摆脱电源,特别是手心触电后,手会将导体握得更紧。如果电源在事故现场附近,应迅速切断电源,但应防止高处触电者坠伤;如果电源离现场较远，应随机用各种绝缘物使触电者脱离带电体，要防止连锁触电事故。

2. 做好救护工作

(1)若触电者伤势较轻，神志清醒，只是感到心慌、乏力、肢体发麻时，可在救援人员监护下，在空气清新的通风处静卧休息到恢复正常。

(2)若触电者伤势较重，出现呼吸中枢麻痹、呼吸停止，但心脏仍跳动者，应立即对其做人工呼吸；若呼吸和心跳均停止，应同时施用人工呼吸和人工心脏按压术抢救。做此工作时要有信心和耐心，因为有时须连续进行数小时抢救后，才能使患者复苏。

任务二　电气防火

一、引起电气火灾的原因

电气设备引起火灾的原因很多，主要有如下几点：

(1)电气设备(特别是插座)由于某种原因形成短路或接地，在短路点或接地点局部发热、起火。

(2)在施工作业中乱拉、乱接电源线(如照明线路接用电炉)，造成线路过载或短路。

(3)电气设备或电缆长期超负荷工作，温升过高而烧毁。

(4)电压过高或过低，使电动机或电器线圈过热。

(5)电气设备在故障下(如电动机绕组局部短路、接地或电源单相等)运行，引起设备发热烧毁。

(6)其他原因引起的电气设备绝缘强度下降或绝缘损坏，通电时发生短路、接地等故障，而引起局部发热。

(7)可燃物(气体、液体或固体)遇到电气开关设备的通断产生的电弧或火花、静电放电火花，或者遇到上述各种热源，都会引起火灾。

二、电气设备的防火要求

(1)电气设备的负荷量在额定值以下，不得超载长期运行，电压、工作制以及使用环境应符合铭牌要求。

(2)电气设备安装质量必须符合要求。

(3)严格根据环境条件选择电气设备。

(4)防止机械碰伤损坏绝缘。

(5)导体连接牢靠，防止松动。

(6)按要求定期测量绝缘电阻,发现绝缘电阻过低时,应查明原因并及时处理。

(7)注意日常维护、保养和清洁工作,防止水溅到电器上。

(8)及时排除电器故障。

(9)易燃、易爆场所应使用防爆电气设备。

三、电气设备灭火

电气设备着火通常应采取如下措施灭火:

(1)迅速切断着火电源。

(2)使用适当的灭火器灭火。

常用的灭火器有以下四种:

①二氧化碳灭火器:液态的二氧化碳喷射到火焰上会大量吸热蒸发,又由于它的密度是空气的1.5倍,可覆盖在燃烧物的表面,从而隔离空气,起到灭火的作用。

注意事项:二氧化碳汽化时,温度可达-78.5 ℃,所以要严防冻伤;另外,当氧气浓度稀释到10%以下时,可使人窒息,所以应谨防人员窒息;二氧化碳与水反应生成碳酸,故不能与水混用。

②1211灭火器:它是卤代烷灭火剂的一种,符号为BCF,其灭火原理是在火焰中分解出卤族元素的游离基,从而夺取燃烧中的氧和氢氧游离基,形成稳定分子,使燃烧连锁反应停止,从而抑制了燃烧。其毒性、腐蚀性小,绝热性强,稳定性好。

③干粉灭火器:这里指的是化学干粉,其主要成分是碳酸氢钠。在碳酸氢钠中加入适当的流动促进剂、防水剂,研磨成极为微细的干燥固体粉末,将其装在机筒内即可制成干粉灭火器。使用时在压缩的氮气或二氧化碳气体驱动下,将干粉喷射在燃烧物上,形成微粒的隔离层;干粉在火焰中受热反应后,分解出不燃性气体和粉雾,稀释氧气和阻碍热辐射,使燃烧连锁反应终止。其缺点是粉粒附在电气设备上善后处理困难。

④水灭火剂:对已切断电源的电气设备或经上述灭火剂已经扑灭的火灾,为防止死灰复燃,亦可视具体情况施用水灭火,但水灭火会降低绝缘,最后还应进行绝缘处理,以使其达到允许值。

项目二　电工常用仪表

任务一　万用表的正确使用

万用表是电工常用仪表，由于它功能多、用处广、价格相对便宜，因此是船舶电工必须配备的物品。万用表可以测量交直流电压、直流电流、电阻等，测量电压时必须与电路并联。测量直流电压时，要注意电压表正、负极性，同时也要注意表的量程。测量直流电流时，万用表笔应与被测电路串联。根据所测电量，先将测量种类旋转开关旋至相应位置，如测量电压时，不能把旋转开关放在电流挡或电阻挡，否则会烧坏万用表。测量电阻时，先将两表笔短接，旋转电阻调零旋钮，使指针处于零位，校零后再进行测量。测量时，须切断被测电阻所在电路的电源。万用表的标度比较复杂，一般最上面一条是欧姆刻度，依次向下是直流刻度、交流刻度。交流电压的低电压挡（如 0 ~ 10 V）往往另有刻度，电阻测量标度的零点在指针偏转最大处，与电流、电压的标度相反。万用表使用完毕，应将转换开关拨至交流电压的最高挡处，以免使用不慎损坏仪表。平时万用表红表笔放在（ + ）插孔上，黑表笔放在（ - ）插孔上。

一、二极管的测试

用万用表测试低压小型二极管，要用 $R \times 100\ \Omega$ 挡或 $R \times 1\ \mathrm{k}\Omega$ 挡，一般不宜用 $R \times 1\ \Omega$ 挡或 $R \times 10\ \mathrm{k}\Omega$ 挡，否则会因电流过大或电压过高损坏管子。

（1）二极管极性的判断：用红、黑表笔分别接两个电极，电阻小的那一次，黑表笔接的是二极管的阳极，红表笔接的是二极管的阴极。

（2）测量正向电阻：当管子的正向特性好时，对于硅管，表针指在中间或中间偏右；对于锗管，表针指在右端靠近满刻度的地方。若表针不超过 1/4 满刻度，表示二极管的性能较差。

（3）测量反向电阻：当管子的反向特性好时，对于硅管，表针指在左端基本不动（靠近 ∞）；对于锗管，表针从左端起向右动一点，但不超过 1/4 满刻度。

（4）若测的正向电阻小，反向电阻大，表明二极管性能好；若测的正反向电阻相差不大，表明性能差；若测的正反向电阻都为 ∞，则表明二极管内部开路；若测的正反向电阻都为零,则表明二极管内部短路,管子已坏。

二、三极管的测试

用万用表测试低压小型三极管要用 $R\times100\ \Omega$ 挡或 $R\times1\ \text{k}\Omega$ 挡。

1. 三极管的类型及基极的判断

用黑表笔接3个引脚中的一个,用红表笔分别接另外两个引脚,如果两次测量的电阻都小,则用黑表笔接的这一脚是NPN型的基极(B极)。如果测量结果不是上述情况,应将黑表笔再换一个脚测试,只要三极管是完好的,测3次必有一次是正确的。若用红表笔接3个引脚中的一个,用黑表笔分别接另外两个引脚,如果两次测量的电阻都小,则红表笔接的这一脚是PNP型的基极。

2. 集电极与发射极的判别

以NPN型为例,在剩下的两个引脚中,假设其中一个脚是集电极(C极),另一个脚是发射极(E极)。在两手指上沾一点水,用两手指捏住基极和集电极,但不要使两脚接触。用黑表笔接集电极,红表笔接发射极(测量PNP型管子时两笔对调)观察电阻大小。再假定另一个脚是集电极,按同样的方法再测量一次,比较两次所测电阻的大小,假定电阻小的那一次是正确的。

3. 估测穿透电流 I_{ceo}

以NPN型为例,用黑表笔接集电极,红表笔接发射极(测量PNP型三极管时两笔对调)测其电阻,一般小型三极管集电极与发射极间的电阻在几十千欧以上,阻值越大,其穿透电流 I_{ceo} 越小。如果阻值只有几百欧或几千欧,说明穿透电流过大,管子不能用。但对一些大功率管,允许有较大的穿透电流,这时管子可以使用。

4. 估测电流放大系数 β

以NPN型为例,在两手指上沾一点水,两手指捏住基极和集电极,不要使两脚接触。用黑表笔接集电极,红表笔接发射极(测量PNP型三极管时两笔对调)测其电阻,再把两手指放开测电阻。观察上述两种情况下指针摆动幅度的大小,摆动幅度越大,说明管子电流放大系数 β 越大。有的万用表亦有直接测量三极管电流放大系数的功能。

三、电容器质量的测试

小容量电容器(几皮法至几千皮法)用 $R\times1\ \text{k}\Omega$ 挡,$R\times10\ \text{k}\Omega$ 挡测量时,表针是不动的,即阻值无穷大(∞);容量在0.01~0.47 μF的电容器,表针会轻微向右摆,充电完毕后表针又回到无穷大(∞)。电容量越大,表针向右摆动越大,当表针向右摆动很大或到达零处,并停在那里时,说明电容已被击穿或短路。如果表针向右摆动后,回不到无穷大(∞),说明电容漏电。漏电阻大,电容的性能好,当漏电阻太小时,电容就不能使用了。

测量电解电容时以 $R\times1$ kΩ 挡为宜。为了缩短测量时间,对容量为几千微法的大电容,可先用 $R\times1$ Ω 或 $R\times100$ Ω 挡充电后再换到 $R\times1$ kΩ 挡测量。应注意到:“正向测量”(黑表笔接电解电容的正极)比“反向测量”(红表笔接电解电容的正极)漏电阻大。“正向测量”的漏电阻代表电解电容的实际漏电阻值的大小。

四、用万用表测试热电阻

热电阻是根据金属导体的电阻随温度的升高而增加的原理制成的。例如,常用的铂热电阻 PT－100,它表示在 0 ℃时,电阻是 100 Ω,当温度升高至 100 ℃时,电阻是 138.5 Ω。将热电阻传感器插入热水中,用万用表的 $R\times1$ Ω 挡或 $R\times10$ Ω 挡测量两接线柱间的电阻值,可见电阻随温度的升高而增加。若测得的电阻是∞,该热电阻开路;若测得的电阻是零,说明内部短路。用万用表的 $R\times10$ kΩ 挡测量接线柱与金属外壳电阻若不是∞,说明绝缘不好,可能内部的绝缘瓷管破碎了。

五、单向晶闸管的测量

较大容量的晶闸管其引脚的极性比较清楚,小型单向晶闸管在不知道引脚的极性时,可用万用表的 $R\times1$ Ω 挡判断。判断时用两表笔随意接两个脚,若某两个脚正反表笔接上时均呈低阻,可以确定该两脚是控制极(G 极)和阴极(K 极)。通常,G－K 间的正向电阻比反向电阻小,也就是在这两次测量中,电阻小的那一次,黑表笔接的是控制极 G,红表笔接的是阴极,剩下的那个极是阳极。

判断单向晶闸管的性能时,可选一只 10～15 μF 的电解电容,用万用表的 $R\times1$ Ω 挡给它充电几秒钟作为触发电源(电容的正极接黑表笔)。用 $R\times1$ Ω 挡测量,黑表笔接阳极,红表笔接阴极,用已充电的电容负极接晶闸管的阴极,电容的正极碰一下晶闸管的控制极,此时晶闸管必将导通,触发前电阻无穷大,触发后电阻值大大减少(几十至几百欧),这说明晶闸管是完好的。

任务二　兆欧表的正确使用

兆欧表又称绝缘电阻表。实际上,它是测量阻值很高的绝缘电阻的一种电表。兆欧表由磁电系比率表、高压直流电源(包括永磁式手摇发电机或晶体管直流变换器两种)和测量线路组成。兆欧表有各种规格,以其手摇发电机发出的最高电压来加以划分。常用的兆欧表有 500 V 和 1 000 V 两种,此外还有 2 500 V、200 V、100 V 等的兆欧表。兆欧表上有 3 个接线柱,即“线路”端(标记“L”)、“接地”端(标记“E”和“L”)和“屏蔽”端(标记“G”或标有

“环保环”字样）。如果要测量电气设备的绝缘电阻，应把“E”端接设备的金属外壳，“L”端接设备的接线端子；若测量电缆保护外皮对缆芯的绝缘电阻，则应把“E”端接保护外皮，“L”端接缆芯，再把“G”端接电缆内层绝缘包皮，以清除因表面漏电流引起的误差。

使用兆欧表时要注意以下几点：

(1)使用兆欧表测量之前，首先要断开被测量设备的电源，不能带电测量，设备有大电容时，应先放电再测量。若测量两供电导线间的绝缘电阻时，还要断开负载。

(2)接线柱与被测电器的连线不能用双股绝缘线或绞线，应用单股线分开连接，避免因绞线绝缘不良而引起测量误差。

(3)兆欧表需要水平放置，并远离通有大电流的导体和强磁场。

(4)使用兆欧表测量之前，首先要将兆欧表进行开路和短路试验，摇兆欧表的手柄，开路时指针应指在“∞”处，短路时指针应指在“0”处。

(5)手摇手柄转数由慢到快，以 120 r/min 为宜。

(6)额定电压在 500 V 以下的电气设备，应选用 500 V 或 1 000 V 的兆欧表；额定电压在 500 V 以上的电气设备，应选用 1 000 V 或 2 500 V 的兆欧表；36 V 以下的低电压电气设备只能选用 100 ~ 200 V 的兆欧表。

(7)严禁使用兆欧表测量电子设备、仪表、传感器等低电压电气设备的绝缘电阻，更不能用兆欧表测试二极管、三极管及集成电路等，以免将这些设备的器件击穿。

项目三　电 工 工 艺

任务一　常用灯具接线

一、常用灯具的分类

从光源类型考虑，常用灯具一般有以下两类：

(1)热辐射光源，如白炽灯、卤钨灯等。

(2)气体放电光源，如荧光灯、高压汞灯、高压钠灯、汞氙灯等。

从防护上考虑，根据使用环境条件不同，其防护等级大致可分为以下三种类型：

(1)保护型：有透光灯罩，既可以防尘，也可以避免直接触及带电部分，多用于比较干燥的居住、办公处所等。

(2)防水型：光源被透光灯罩等密闭起来，灯体与灯罩之间有密封垫圈，这类灯具的防护结构基本相同，但其防护级别不同，有防滴、防溅、防水蒸气、防喷水和防海浪冲击等，其多用于潮湿和有汽水侵害的场所。也有将防水型分为防溅型和防水型两类的，防溅型用于有水飞溅的场所，防水型用于不仅有水飞溅，而且有滴水、凝水的场所。

(3)防爆型：一种是隔爆型结构，即透明灯罩与灯座间用法兰连接，法兰间有隔爆间隙，气体在灯内发生爆炸时，由间隙外泄的气体经法兰隔爆面的充分冷却，不会引起外部混合气体的爆炸，坚固的壳体和灯罩能承受住内部爆炸压力而不致损坏；另一种是密闭安全型，正常运行时，不产生火花、电弧，灯具外表面温度不会引起爆炸。防爆灯用于正常条件下可能存在可燃烧性粉尘或爆炸性气体的场所。

二、电感式镇流器日光灯

1. 结构

(1)灯管　管内壁涂有荧光粉，管内两端灯丝涂有氧化锶，管内充有氩气，并装有微量液态水银。

(2)辉光启动器　在铝制的圆筒中有一个内充有氖气的玻璃泡，泡内有一个静触头和一个 U 字形双金属片的动触头，玻璃泡内还有一个小电容，它的作用是减少触头火花，保护触头可减少日光灯对无线电设备的干扰。辉光启动器的作用是开灯时自动通断电路,镇流器产生高压使灯管启辉。

(3)镇流器　它是一个具有铁心和多匝线圈的感性元件,与灯管串联,当辉光启动器断开时,产生脉冲高压使灯管启辉,工作时有限制灯管电流和稳定电流的作用。冬天日光灯较夏天不易启辉是因为冬天气温低,水银不易汽化的缘故。

(4)电容器　用以提高线路的功率因数。

2. 工作原理

电感式镇流器日光灯接线图如图 3 - 1 所示。接通电源后,辉光启动器玻璃泡中的动触片和静触头之间产生辉光放电而导通,灯丝预热放射电子,辉光启动器放电时,U 字形双金属片受热膨胀与静触头接触,辉光放电停止,U 字形双金属片冷却并与静触头断开,使电流突然中断,从而在镇流器的两端产生脉冲高压,使灯管内的氩气电离,管内温度升高,液态水银汽化游离。游离的汞分子因活动剧烈而撞击惰性气体分子,引起汞蒸气弧光放电,辐射出紫外线激励管壁上的荧光粉,发出像日光色的光亮。

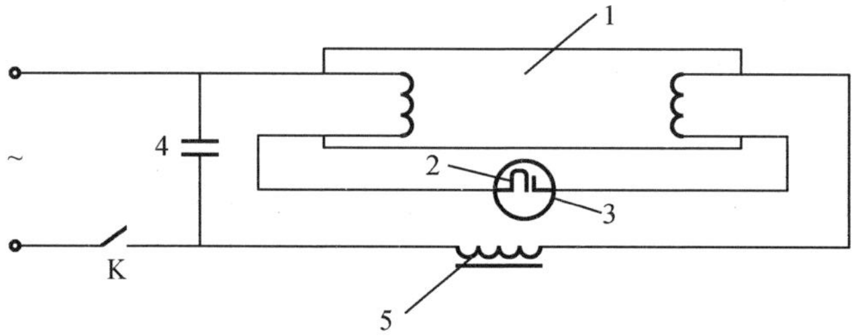

1—灯管;2—U 字形动触片;3—辉光启动器玻璃泡;4—电容;5—镇流器。

图 3 - 1　电感式镇流器日光灯接线图

三、超高压汞氙灯

超高压汞氙灯是一种新型光源。其发光效率高、光色好,更接近日光,一般适用于探照光源,俗称“小太阳”。

超高压汞氙灯是在石英玻璃制成的一个球状玻璃泡内充以高压氙气,并加入适量的水银,灯管两端置以钍钨棒(或钡钨棒)作为电极,并由钼片引到外面连接电源。由于管内氙气压力高,起弧困难,必须有很高的触发电压(达 40 ~ 50 kV)才能使灯泡启辉,因此必须有一套专用触发器作为点火装置。使用时要用耐高压的硅橡胶电缆连接灯泡,接线要尽量短。使用交流电源时要串入镇流器;使用直流电源时,要串入适当阻值的限流电阻。超高压汞氙灯使用 220 V 交流电源时,其接线原理图如图 3 - 2 所示。

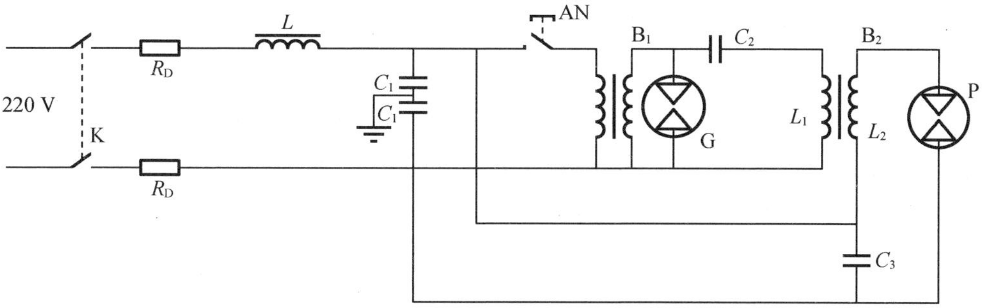

L—镇流器；C_2—谐振电容；AN—点火按钮；C_1—旁路电容；P—灯管；

C_3—耦合电容；B_1—升压变压器；B_2—脉冲变压器；G—火花间隙。

图 3－2 超高压汞氙灯接线原理图

其工作原理如下：合上K，按下AN，使 B_1 的副边得到4 000 V的高压，通过 B_2 的初级线圈 L_1 对 C_2 充电，C_2 存储电能。当电压升至一定的值时，火花间隙G被击穿放电。在 L_1 与 C_2 组成的串联谐振电路中产生阻尼振荡，经过 B_2，在 B_2 的次级线圈 L_2 上得到40～50 kV的高频高压电，经过 C_3 与P接通，使P电极间产生弧光放电。P点亮后释放AN。P点亮后其内阻变小，由220 V电压直接接入P，使灯继续发光。

使用时应注意以下几点：

（1）灯泡应垂直点燃，偏差不大于15°。

（2）灯光正常工作时管内蒸汽压力很高，必须有安全防护装置。

（3）超高压汞氙灯用的镇流器、触发器和灯管要配套使用。

（4）灯泡安装后要擦干净，以免影响照明。

（5）镇流器与触发器要装在铁壳内，铁壳要可靠接地。

任务二 焊接工艺

一、焊料与焊剂

焊料用焊锡丝。焊剂用松香或松香水（松香水的配方是：20%的松香粉末加80%的纯酒精），绝对禁止使用氧化锌、盐酸、焊油等酸性焊剂，因其日久会使元件锈蚀损坏、元件引脚霉断等。

二、元器件的清洁处理

元器件的焊接一定要注意防止虚焊。产生虚焊的原因主要是焊接面不干净，此时须用小刀、细砂除去面上的漆膜、油污氧化物等，随后马上烫上松香，再用电烙铁烫上一层锡。清理焊接面是防止虚焊的关键的一道工序。

三、电烙铁的使用

焊接小功率半导体器件用 20 ~ 45 W 的电烙铁；焊接粗导线、金属底盘时用 75 W 或 100 W 的电烙铁。焊接时，电烙铁要有足够高的温度，焊锡与被焊的元器件要充分融合，焊点要光洁。此外，要避免烙铁头在元器件上停留时间过长，以免烧坏元器件。

焊接低压半导体器件和绝缘栅场效应管时，电烙铁的金属外壳要可靠接地或用电烙铁的余热焊接。

任务三　电动机工艺

船用电动机的特点是由船舶的特殊环境决定的，主要有以下三个方面：

(1)必须适应高温，高湿度，有盐雾、油雾和霉菌的环境。船用电动机应按基准环境温度为 45 ℃来设计制造，绝缘要采用耐热、耐潮和耐油雾的材料，并应加强绝缘处理，导电部分要用铜或铜合金制造，对铭牌和机械零部件要采取防腐蚀措施。船用电动机必须通过防“湿热”“霉菌”“盐雾”试验(俗称“三防试验”)的考核。

(2)必须能适应船舶在恶劣海况下的倾斜摇摆，承受船舶正常营运所产生的振动和冲击。船舶在横倾 15°、纵倾 7.5°、摇摆 22.5°(应急设备为横倾 22.5°或纵倾 10°)时，电动机应能有效工作。船用电动机也应通过“振动”“冲击”和“倾斜”试验。

(3)船舶电站相对容量较小，工况复杂，负载变化大。因此，船用电动机应能在电压为 $(1-10\%)V_n \sim (1+6\%)V_n$，频率为 $(1\pm5\%)f_n$ 情况下可靠运行。这就要求船用电动机有一定温升余量、较高的过载能力和较好的启动性能等。

一、直流电动机的构造与组成

直流电动机是由定子和转子两大部分组成的。定子是由主磁极、换向极、机座、端盖和电刷装置等组成的；转子是由电枢铁心、电枢绕组、换向器、转轴和风扇等组成的。

1. 定子的主要部件

(1)主磁极：其铁心由薄钢板冲压叠成，其上套有励磁绕组，并用螺栓固定在机座上通入直流励磁电流后形成 N 极、S 极相间排列的主磁极。

（2）换向极：尺寸比主磁极小，与主磁极一同固定在机座上，它的作用是改善电枢电流的换向，减小换向火花。

（3）机座：是直流电动机的固定支撑和防护的部件，又是磁路的一部分。

（4）电刷装置：主要由刷架、刷杆、刷握、碳刷及压紧弹簧等组成。

2. 转子的主要部件

（1）电枢铁心：是由磕钢片叠成的，铁心圆周上均匀分布的槽内嵌放电枢绕组，电枢铁心是磁路的一部分。

（2）电枢绕组：由绝缘铜线绕制而成，各绕组线圈的两个出线端按一定的规律焊接到换向片上。

（3）换向器：由许多楔形铜片叠成圆筒形，片间用云母绝缘，换向器装在轴上，电枢线圈的出线端就焊接在换向器片端部的小槽中。换向器的作用是将电枢绕组中的交流变为直流。

换向器与电刷装置是直流电动机故障率最高、维护工作量最大的部件，最主要的原因是在电刷和换向器之间产生的电火花，故要对电刷位置进行调整。

3. 直流电动机电刷位置的确定

具有换向器的直流电动机电刷应放在几何中心线上，当刷架发生了移动、电刷偏离了几何中心线并且标记不清时，可用试验的方法进行调整，使电刷位于几何中心线上。试验时按图 3 -3 接线，在并励绕组的两端接上 1.5 V 或 3 V 的直流电源，直流毫安表接电枢两端，当不断开合开关 S，指针摇动时，说明电刷不在几何中心线上，转动刷架时指针摆动最小或基本不动，这时电刷就被调整到几何中心线了，然后固定住刷架座圈。

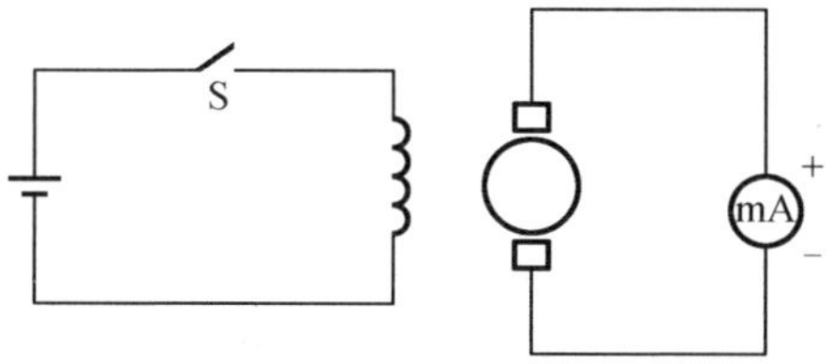

图 3 -3　确定电刷位置接线图

4. 直流电动机换向

直流电动机最常见的故障是换向火花问题。它多数是由机械方面的原因造成的，如换向器表面不清洁、不圆和不光滑，表面磨损不均匀出现沟槽、云母片突出等，也有电刷缺角、断裂，其圆弧面与换向器表面不吻合，电刷对换向器压力不足、不均，刷握变形或电刷尺寸不合适，使电刷不能在刷握内上下自由滑动，此外振动过大、轴承过度磨损都将引起换向不良现象。

对于容量较小的电动机也可移动电刷改善换向，电动机逆着转向，发电机顺着转向，将电刷从几何中心线偏离少许，使换向元件能切割主磁极磁力线感生帮助换向的电势。合理选用电刷，增大电刷与换向器间的接触电阻，也是改善换向的重要措施。

二、交流电动机的构造与组成

1. 交流电动机的组成

常用的交流电动机为三相异步电动机，它是由固定和转动的两个基本部分组成的。固定部分包括机座、装在机座内的圆筒形定子铁心、定子铁心槽内嵌放的三相定子绕组和前后端盖等。转动部分包括转子铁心、转子绕组、转轴和风扇等。

(1)定子和转子铁心：定子和转子铁心均由 0.5 mm 厚的硅钢片叠成，定子铁心内圆周上冲有均匀分布的槽，用以嵌放三相定子绕组；而转子铁心外圆周上也冲有均匀分布的槽，用以嵌放绕组导体。

(2)三相定子绕组：三相定子绕组的每相绕组由若干绕组元件组成，这些元件沿定子圆周依次移过 120°对称均匀地嵌放在定子槽内。

(3)转子：有两种类型，即笼式和绕线式。笼式转子铁心槽内插入铜条，所有铜条两端由两个铜的短路端环将它们焊接在一起，形成如笼状的转子绕组回路；绕线式三相转子绕组通常连接成星形，三相绕组 3 个引出端分别接于固定在轴上的彼此绝缘的 3 个滑环上。

(4)机座和前后端盖构成机壳，起固定、支撑和防护的作用。

2. 交流电动机的铭牌数据

(1)额定功率 P_n：额定运行时轴上输出的机械功率，单位 kW。

(2)额定电压 U_n：指电器正常工作时的电压，单位 V。

(3)额定频率 f_n：指在额定运行时，加于定子绕组上电源的线电压及其频率，单位 Hz。我国低压电动机的标准额定电压为 380 V，标准额定频率为 50 Hz。

(4)额定电流 I_n：指在额定电压、额定输出功率下定子绕组的线电流，单位 A。

(5)额定转速 N_n：指在额定电压、额定频率、额定输出功率下转子每分钟的转速，单位 r/min。

(6)额定功率因数 $\cos\varphi$：指额定负载时，定子边的功率因数。

(7)绝缘等级(或温升)：有 E、B、F 和 H 级，它们允许的最高工作温度分别是 120 ℃、130 ℃、155 ℃和 180 ℃。根据绝缘等级，可确定该电动机的容许温升。

(8)工作方式：有连续、短时和断续三类。

(9)接法：指在额定电压下稳定运行时，三相定子绕组的接法，通常为星(Y)形或三角

（△）形接法。

3. 交流电动机同名端（首尾端）的判别

（1）绕组串联法：先用万用表区分出各相绕组两个端头，然后按图 3－4 所示接线，使一相绕组接 36 V 低压交流电，将另外两相的两端串联，测量串联后的电压。若有电压，则连接的两端是首端和尾端；无电压时，则不能判断连接的两端是首端还是尾端，按此方法再将另一相绕组加交流电压，其余两相串联，可测出三相的首尾端。图 3－4 中 D_1、D_2、D_3 分别表示 3 个首端，D_4、D_5、D_6 分别表示 3 个尾端。

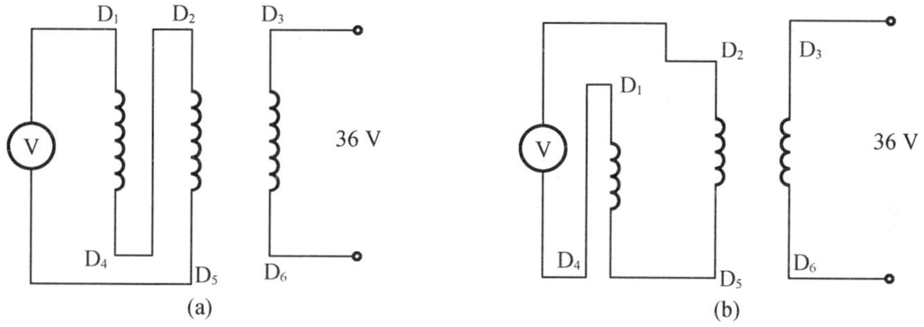

图 3－4　绕组串联法

（2）通电感应法：如图 3－5 所示接线，当接通开关瞬间，如果万用表的指针（毫安挡）向正向偏转，则电池正极所接的线头与万用表正极端所接的线头同为首（或尾）端；如果指针反向偏转，则此两端为“异”端，按上述方法，再将电池接到另一相的两个线端试验，就可确定各相的首端与尾端了。

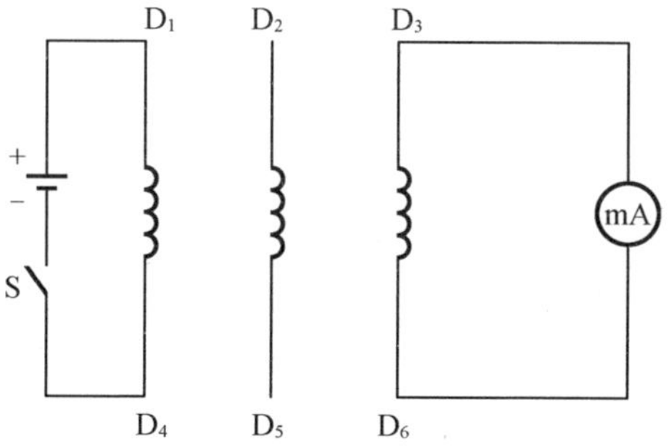

图 3－5　通电感应法

4. 三相异步电动机的星形或三角形连接

将三相绕组的首、尾端按图 3－6 所示接线，可将电动机接成星形或三角形。

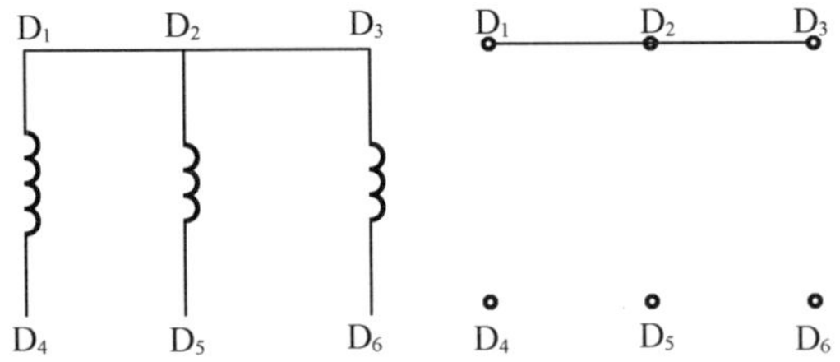

(a)星形连接

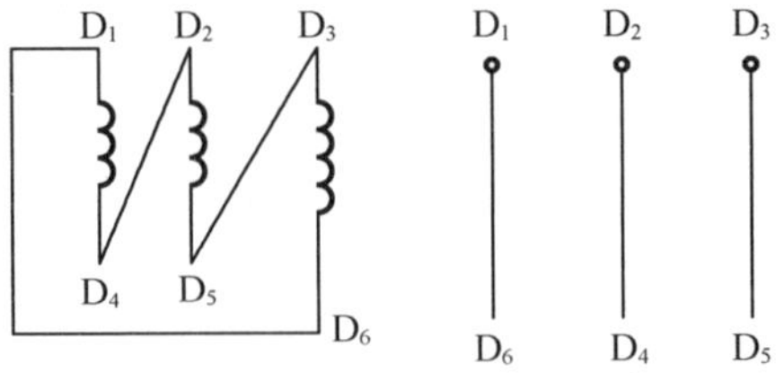

(b)三角形连接

图 3－6　星形与三角形连接

三、电动机受潮后的处理方法

一般情况下,500 V 的兆欧表测量电动机绕组对机壳的绝缘低于 0.5 MΩ 时,电动机必须进行烘干,以提高电动机的绝缘电阻。烘干的方法有很多,下面介绍主要的几种。

1. 灯泡烘干

灯泡烘干是把电动机拆开,抽出转子,将电动机清理干净,把定子竖立放在木板或其他干燥物的底板上,底部留有空隙,以便通风。将白炽灯泡或红外线灯泡从端盖孔中吊入,注意灯泡不要接触线圈和铁心,以免局部过热使绝缘老化,灯泡瓦数根据电动机的大小和所要求温度来选择。

2. 电流烘干

电流烘干是指抽出电动机的转子,在电动机定子绕组上加入电压,通过调压器调节电压,改变电流。电流逐步增大,根据所需要的干燥温度,可升高电流值。刚开始时可通入 30% 的电动机额定电流值。

3. 烘箱和热风干燥

电动机干燥的温度与电动机绝缘等级有关,E 级绝缘不超过 120 ℃,B 级绝缘不超过 130 ℃。在烘干过程中,当电动机绝缘电阻达到 5 MΩ 以上而且在最后 3 h 内不再变化时,可停止烘干。应指出的是,有的电动机因绝缘老化或损坏而使绝缘性能降低,烘干不能使绝缘性能提高时,必须更换绕组或采取其他措施。

四、电动机的拆装

1. 拆装步骤

(1)卸下传动皮带或脱开联轴器的连接销。

(2)卸下风罩和风叶。

(3)卸下前轴承外盖和前端盖,取出转子。

(4)卸下后轴承外盖和后端盖。

(5)卸下前后轴承和前后轴承内盖。

直流电动机在拆卸时,要拆除电刷架,并保护好换向器。电动机安装时步骤与上述相反。

2. 拆装工艺

拆装轴承一般有两种方法:一种是用拉子抓钩紧紧地扣住轴承的内圈慢慢地拉下轴承;另一种方法是用软金属棒垫着轴承内圈,用榔头沿轴承内圈四周均匀敲打,取下轴承。安装轴承时,用一个铜套顶住轴承的内圈,用榔头均匀地敲打铜套直至到位,也可用热套法进行安装。

更换润滑脂时,将轴承和轴承盖上的油脂全部刮去,用煤油或汽油洗净,再用干净布擦干,检查轴承转动是否灵活,有无异常声音。当轴承完好时,将润滑脂用手指从轴承一边向另一边挤压。一般 3 000 r/min 的电动机加润滑脂的体积占轴承室空间的 1/2,1 500 r/min 的电动机占 2/3。

电动机安装完毕后,判别电动机的同名端,然后接线、运转。

五、电动机运行的常见故障、发生原因及运行中如何监测

1. 电动机不能启动

电动机不能启动的原因可能是电源未接通、负载太大、线路有故障等,也可能是转子卡死。因为定子接在电源上,所以仍有旋转磁场以同步速度旋转,这时转子切割磁力线速度很高,转子中感生电流很大,定子电流也很大,因此会很快烧坏线圈,故在使用时绝对不允许把电动机卡死。

2. 转子低运转无力

转子低运转无力的原因可能是电源电压低、负载大,因为电动机力矩是转子电流与定子磁力线作用产生的,当电压降低时,磁力线减少,如果仍要带动泵等生产机械,需要增大转子电流,因此运转时间长,就会超过额定值,从而烧坏电动机。另外,单相运行也可能会发生以上现象,因为正在旋转的电动机如果一相断电,电动机虽仍能继续旋转,但转速低,运转无力,有时会发出不正常的“哼哼”响声,其原因可能是开关、熔丝或接触器一相不通。

3. 其他

短路和接地、电动机受潮、内部污脏、绝缘碰伤都会使绝缘电阻降低,漏电严重,额外增加了定子负担,使电机发热,发展下去可能损毁绕组绝缘而引起匝间或相间短路。匝间短路的特征是在线圈端部可以清楚地看到一个或一组线圈烧焦。相间短路特征是在短路处发生爆断,熔断一些导线,附近有熔化的铜屑。接地一般发生在引出线与出线孔间、槽底或槽口处。

一般电动机运行时要经常观察其发热情况,有时电动机频繁启动会使温度升高,此外超负荷运行也会使温度升高。温度监测还应包括监测轴承温度。最简便的监测温升的方

法是用手触摸机壳和轴承盖。一般来说，若手能在其上停留，则说明温度在允许范围内。另外，电动机正常运行时，机身应该平稳，声音也应该正常，如果发现声音不正常、机身振动大，说明电动机出了故障，可能是单相运行、联轴节松动、地脚螺钉松动等，必须停机检修。电机运行时经常要注意电压和电流的变化，一般电源电压变动不要超过 ±10%，三相电压之间差数不得超过5%，电流不要超过允许的额定电流。

六、电动机绕组的重绕

电动机运行中，经常由于过载、短路、缺相或机械卡住等原因烧坏电动机绕组。绕组烧坏后需要修理、重绕，因此学会重绕电动机绕组对修理电动机有一定的现实意义。另外，修理、重绕对熟悉电动机的构造、工作原理、接线方式，特别对绕组的了解、电动机的管理和使用有较大帮助。

重绕一台三相电动机的绕组，一般按下列步骤进行：①记录原来绕组数据；②拆除损坏的绕组；③定子加绝缘；④绕制线圈；⑤下线、线圈连接，检查有无连接错误；⑥上漆烘干。下面对主要步骤进行详细介绍。

1. 记录原来绕组数据

在重绕电动机绕组之前，必须详细记录下列数据作为重绕的根据：①铭牌数据；②定子槽数；③线圈数；④连接形式；⑤每个线圈的匝数；⑥线圈的大小和形状；⑦线圈跨距；⑧绝缘材料种类；⑨导线的粗细和种类。

在拆除电动机绕组前，要记录原来线圈的连接形式，目的是使重绕的绕组的连接法和原来的一样。一般绕组连接有下面几种方法：①单路星形接法，即一根引出线只与一个线圈组连接，在这种情况下可以认定不会是其他接法（图 3－7（a））。②如果每根引出线接到两个线圈组上，便可能是单路三角形接法（图 3－7（b））。③亦可能是两路并联的星形接法（图 3－7（c））。这就需要进一步检查，如果发现有 6 个线圈接在一个中性点上或者发现每 3 个线圈分别接在两个中性点上，就可认定是两路并联星形接法；如果找不到上述特点，那么一定是单路三角形接法。检查完毕得出的结果，应和铭牌上的标注相一致。

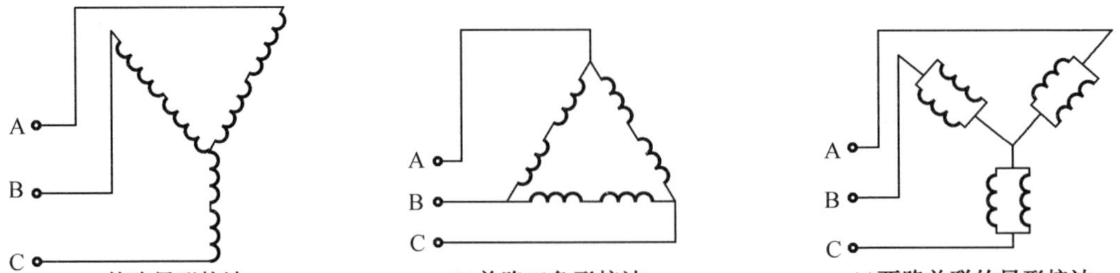

(a)单路星形接法　(b)单路三角形接法　(c)两路并联的星形接法

图 3－7　绕组连接法

2. 线圈连接

把线圈连接成绕组的工作十分重要，马虎不得。下面以用36个线圈连接成极作为例子加以说明。要把所有的线圈连成3个单独的绕组或三相，每相必须有相同的线圈数，因此每相线圈数应该是总线圈数的1/3，即

每相线圈数 = 总线圈数/相数

即每相线圈数为36/3 = 12。这个三相绕组可以接成星形，也可以接成三角形，视原来的接法而定。

若全部线圈要接成四极，那么每极的线圈应该是总线圈数除以极数，即

每极线圈数 = 总线圈数/极数

在本例中，每极线圈数即为36/4 = 9，即每极有9个线圈。

如图3-8所示，为了简化，现从第四个线圈开始略去，并画出每个线圈的两个线头。

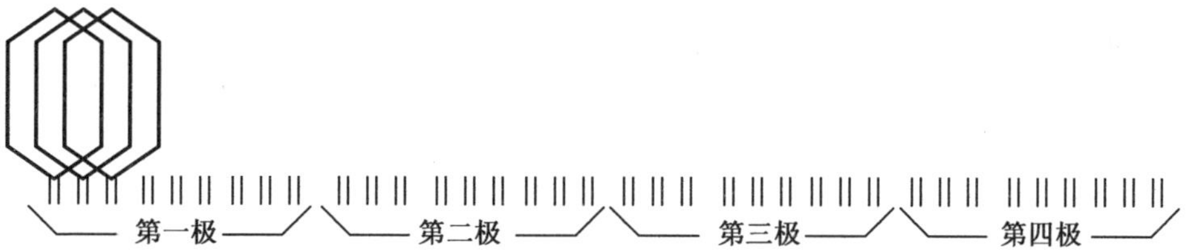

图3-8　三相四极线圈简化图

每极线圈数包括A相、B相和C相。因此，每极下各相的线圈数应该是

极相组线圈数 = 总线圈数/（极数 × 相数）

本例中，极相组线圈数为36/（4×3）= 3，即每极下的A相、B相和C相都各有3个线圈（图3-9）。一个极相组中的线圈总是串联的，如图3-10所示，线圈1尾接线圈2头，线圈2尾再接线圈3头，线圈1头和线圈3尾便是这一极相组的两根引线，以便接到与它同相的其他线圈组上去。按照相同的方法，把其他极相组都连接好，如图3-11所示。本例中共有12个极相组。

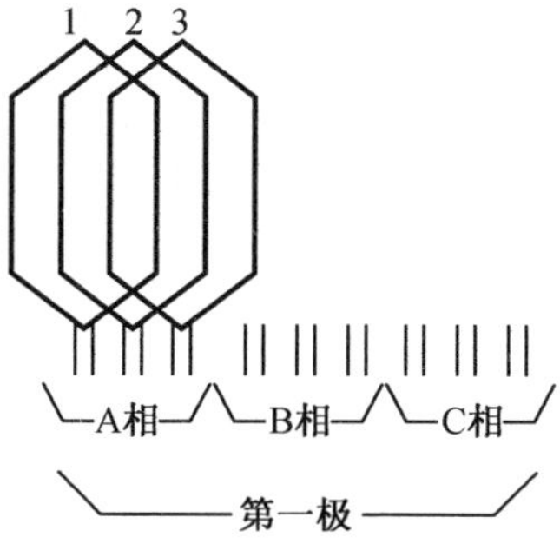

图3-9　极相组

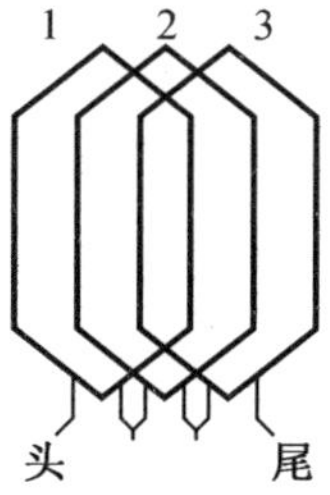

图3-10　3个线圈串连成一组

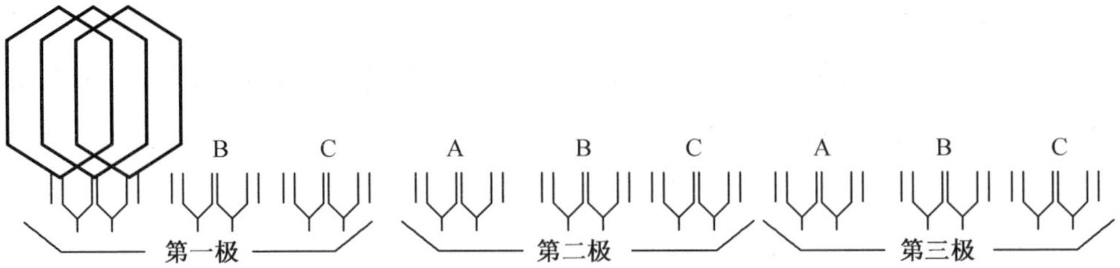

图 3-11 各极相组排列

下面将极相组连接成各相绕组。首先,把图 3-11 中所有线圈根据各极相组排好,分别将每极下各相的极相组连接起来,便得到 A 相、B 相和 C 相共 3 个绕组。

其次,把 A 相各极相组连接起来,如图 3-12 所示。一个相内的极相组之间必须这样连接,以使电流流过第一组时,沿着顺时针方向;流过第二组时,沿着逆时针方向。其余各组交替类推。也就是说第二组的尾应该接第一组的尾,第二组的头应该接第三组的头,其余类推。只有这样才能使各组线圈磁场的 N 极与 S 极交错排列。接好后,便得到 A 相绕组,它的两个线头是 A 和 X。

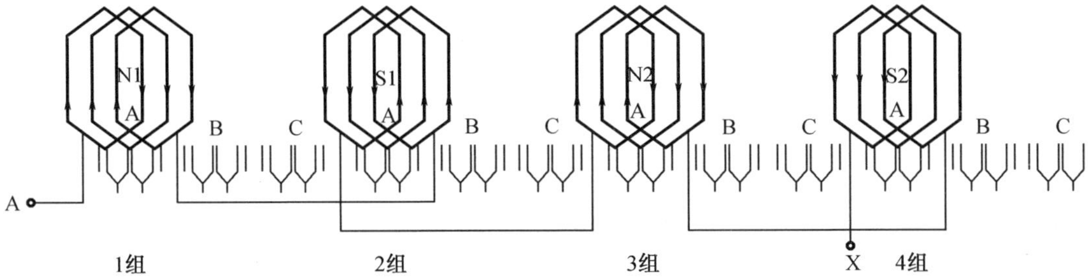

图 3-12 各相内各极相组的接法

最后,把 C 相各极相组连接起来,其连接方法和 A 相完全相同,如图 3-13 所示。但要注意:A 相的头,从哪个极相组开始是任意的,而 C 相的头不能任选,必须以 A 相的第一组算起的第三个(不是 A 相第三组)极相组开始,作为 C 相的第一组。B 相连接方法和 A、C 相也完全相同,但 B 相是以 A 相的第一组算起的第五个极相组开始的,以此作为 B 相的第一组。

如果原来的电动机是星形接法,则需将 X、Y、Z 接在一起而把 A、B、C 引出。如果原来的电动机是三角形接法,那么把 A 与 Y、B 与 Z、C 与 X 分别接在一起而从 A、B、C 引出就可以了。

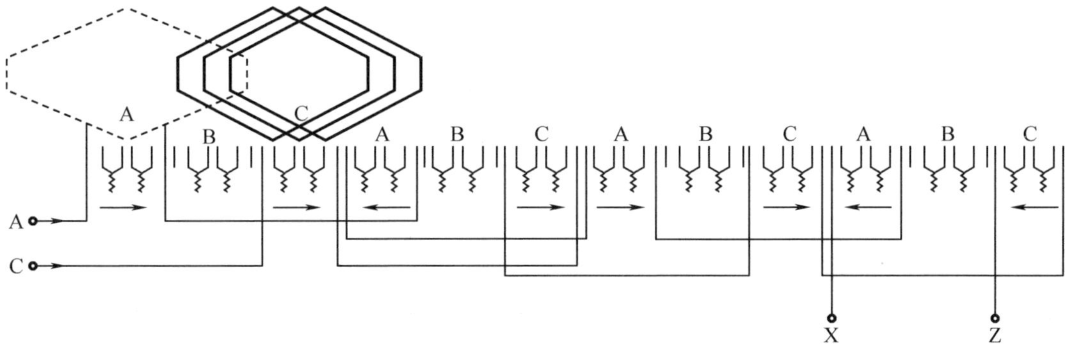

图 3－13　A、C 两相内接线

上面以星形或三角形接法说明了连接规律。实际上，在记录原来的绕组连接方法后，就应首先把完整的绕组连接图画出来，下线后，再按照完整的绕组连接图进行内部接线。其次，从图 3－14 中可以看出，每个极相组下面的箭头方向都是交替的、方向相反的，因此画绕组完整连接图时，也应同时把箭头都按互相交替方向画好，这样进行内部连线时就方便了。

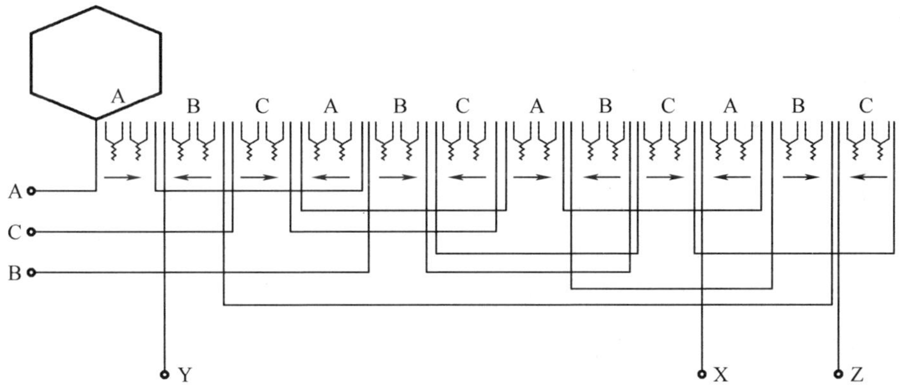

图 3－14　三相绕组各相连接法

实际应用中常用简化绕组连接法，如图 3－15 所示。图中每个线圈代表一个极相组，线圈旁边的符号 A、B、C 代表此极相组属于哪一相，线圈旁边的箭头指出了进行内部接线的顺序。

圆形简化接线图必须在记录线圈数据后画好，以便作为下线后的接线依据。

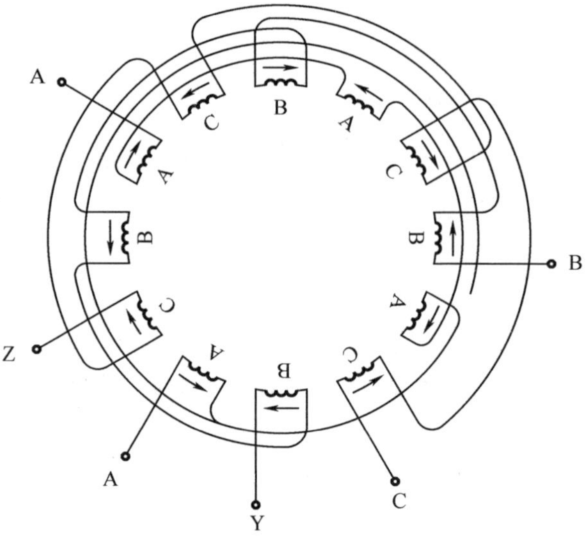

图 3－15　绕组草图

任务四　电器的安装与接线

一、电器安装注意事项

(1)电器元器件的安装与布置必须考虑便于接线和布线,便于拆装。

(2)无特殊要求时,继电器、接触器一般都为立式安装,不得左右前后倾斜或倒装。

(3)继电器、接触器线圈的电压和触头额定电流要与电路的电压和电流相符。

(4)线路中开关容量、导线的截面积、热继电器的规格及整定值、熔断器的容量及时间继电器的整定值要符合电路要求。

(5)连线要横平竖直,尽量避免交叉,布线要美观,便于检查,一个接线端子的连线最多不能超过 3 个接头。

(6)控制箱门应能开启 90°,安装高度适宜。

(7)控制设备中电器尽可能避开高温和强烈振动的场所安装,同时考虑防水、油或其他有害物质的侵入,电器和电缆尽量不要安装在船体的外甲板上。

(8)不得在水密舱室壁、甲板上打孔安装电气设备。

二、安装接线图的绘制

在安装接线前必须要画出安装接线图。安装接线图是根据系统中各个部件的实际位置及相互连接关系绘制的,同一电器的部件必须画在一起,然后用导线按要求连接起来,导线应标明类型、截面积尺寸和敷设方法,图中所有电器的图形和文字符号及编号必须与电气原理图一一对应,安装接线图应便于施工安装和检修。图 3－16 是异步时机单向直接启动控制电气原理图与安装接线图,即磁力启动器线路图。图中 ϕ12BVR 为聚氯乙烯塑料绝缘电缆,可在有关电气手册中查到。

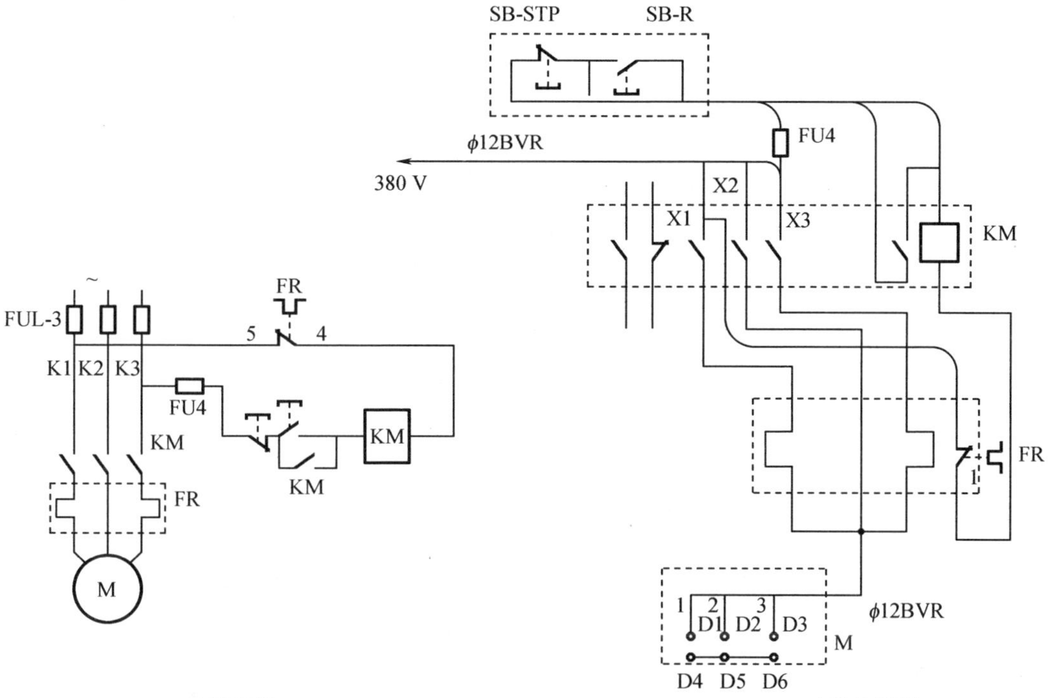

(a)原理图　　(b)安装接线图

图 3－16　异步时机单向直接启动控制电气原理图与安装接线图

任务五　电磁制动器和仪用互感器的使用

一、电磁制动器

电磁制动器(或称电磁刹车)是电磁式机械制动器,其在船舶电力拖动中应用较多,如锚机、起货机等。首先它在起重机械中是断电时的紧急安全刹车装置,防止断电时重物自由下落;正常工作时,它与电动机的电气制动相配合实现快速准确的制动定位停车。电磁制动器一般是由静止的铁心、励磁线圈和可动衔铁 3 个主要部分组成的。常用的电磁制动器有圆盘式和抱闸式，有直流的和交流的，图 3 －17（a）为直流圆盘式电磁制动器的原理示意图。当电动机要启动运转时，电磁线圈通电，产生电磁吸力，将静止盘式衔铁吸向铁心，与电动机带动的可旋转圆盘脱离接触，使电动机可以自由启动和运行。当电网失电或电动机需要快速停车时，励磁线圈断电，在弹簧的作用下使衔铁压向旋转圆盘，靠摩擦力实现制动停车。电磁制动器通常设有手动松闸装置和动静片间隙的调节螺丝，盘式制动器松闸的间隙调节不能太大而且要均匀，抱闸松闸间隙应调节到不发生摩擦。

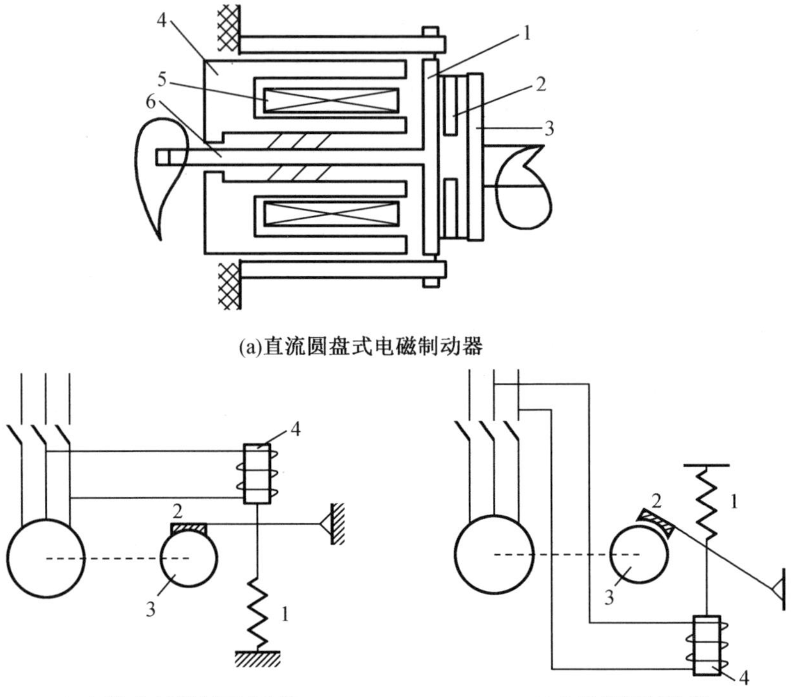

(a)直流圆盘式电磁制动器

(b)交流式电磁抱闸制动器　　(c)电磁抱闸制动器

（a）1—衔铁；2—弹簧；3—旋转圆盘；4—静铁心；5—线圈；6—转轴。

（b）（c）1—弹簧；2—制动闸；3—制动轮；4—电磁铁。

图 3 －17　直流与交流电磁制动器

另一种为交流电磁抱闸制动器，如图 3 －17（b）所示。它的制动轮与电动机安装在同一轴上，电磁铁的线圈与电动机用同一电源。当电动机启动时，电磁铁也同时得电，将衔铁吸上并拉紧弹簧，把压在制动轮表面的制动阀提起，电动机正常运转；当电动机电源切断时，电磁铁电源也被切断，在弹簧的作用下制动闸压紧制动轮而实现制动。这种构造的缺点是电源被切断后，主轴被刹住，不能转动，因此手动调整时就会比较困难。为克服上述缺点，可采用另一种电磁抱闸制动器，如图 3 －17（c）所示。

二、仪用互感器

仪用互感器是专供测量仪表、继电保护和控制装置等使用的变压器，有电流互感器和电压互感器两种。使用互感器的目的在于：①扩大测量仪表的量程；②使测量仪表或设备与高压电路绝缘隔离，以保证人身和设备的安全。电压互感器专用于变换电压，而电流互感器则专用于变换电流，两者功用不同，其结构和工作的特点也有所不同。

1. 电压互感器

电压互感器在结构形式上与小型电压变压器没有什么不同，原绕组接被测高电压，而副绕组则与各种仪器仪表的电压线圈并联。常用电压互感器副边的标准额定电压为100 V。由变压器的变压原理可知：100 V 量程的电压表通过电压互感器可测量的最高电压为 $U=(N_1/N_2)\times100$，其中 N_1、N_2 分别为电压互感器的原边、副边绕组线圈数，可见电压表的量程通过电压互感器扩大了 N_1/N_2 倍。

2. 电流互感器

电流互感器的外形和绕组与电压互感器有所不同，其原绕组匝数很少，甚至只有一匝，且与被测大电流电路串联；而副绕组匝数多，与各种仪器仪表的电流线圈串联。图 3－18 为电流互感器接线原理图。常用电流互感器的副边标准额定电流为 5 A。根据变压器变流原理可知，满量程为 5 A 的电流表通过电流互感器可测量的最大电流为 $I=(N_2/N_1)\times5$，其中 N_2、N_1 为电流互感器副边、原边的匝数，可见电流互感器将 5 A 电流表的量程扩大了 N_2/N_1倍。

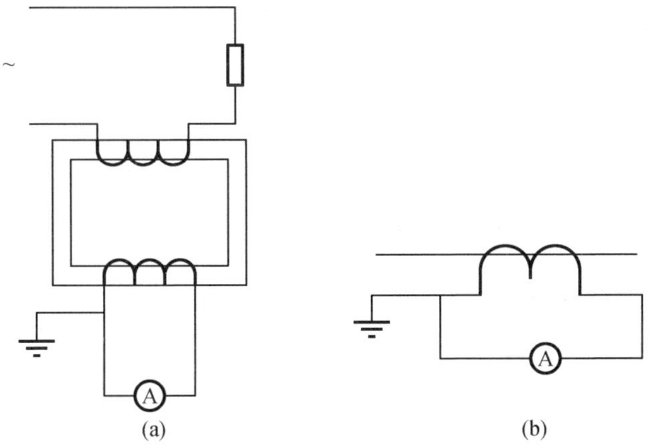

(a)　(b)

图 3－18　电流互感器接线原理图

3. 仪用互感器使用注意事项

(1) 电压互感器副边不能短路，否则会因短路电流大而烧毁。

(2)电流互感器副边绝不允许带电开路,若开路,副边将产生很高电压,会危及人身安全和损坏绕组绝缘,因此当需要检修或更换仪表时,都不应留下开路点。带电拆卸电流表时,应先把副边短路后再拆仪表。

(3)电压互感器和电流互感器的铁心及副绕组一端都应可靠接地,以防因原边、副边绕组间的绝缘损坏而导致原边高压进入副边,危及人身安全。

任务六　电器运行常见故障

一、故障原因

1. 触头过热的原因

触头弹簧变形,压力不够,触头表面氧化或有杂质,容量不够,触头磨损太多,都会导致触头过热。

2. 衔铁噪声大的原因

铁心端面接触不良,有杂质、油污等,短路环断裂或脱落,电源电压低,都会导致衔铁噪声过大。

3. 线圈过热或烧坏的原因

操作太频繁,衔铁的间隙太大使电流过大,衔铁不能吸合,线圈匝间短路或电源电压太高,对直流接触器经济电阻阻值可能太小,都会导致线圈过热或烧坏。

4. 通电时接触器的衔铁吸不上,或者断电时衔铁落不下来的原因

接触器通电时衔铁吸不上,电气上的原因多数是线圈断线、烧坏或电压太低;机械上的原因多是转轴生锈或歪斜、衔铁或机械部分卡住,需上润滑油或清除卡阻障碍物。

断电时衔铁落不下,电气上的原因可能是铁心剩磁太大,触头熔焊,铁心极面有油垢而黏合;机械上的原因可能是触头间弹簧压力小、衔铁或机械部分卡住、安装方式不对等。

二、常用保护电器参数整定

热继电器在电路中主要是作为过载保护使用,其电流整定值应与被保护电动机的额定电流一致;熔断器在电路中主要用作短路保护。在照明、电热设备的平稳负载线路中,熔体的额定电流可取等于或稍大于线路负载的额定电流;在异步电动机线路中,由于启动电流可达到电动机额定电流的5~7倍,因此熔体的额定电流应取电动机额定电流的2.5~4倍。

三、电气线路中一般故障的检查

在电气线路中，不论是主电路还是控制电路，所发生的线路故障一般可归结为短路、断路和通地三类。在查找线路故障前应首先熟悉整个系统图和工作原理，或至少要熟悉部分电路图，要熟悉各电器元件的位置。

1. 线路短路故障的检查

短路故障表现为线路电流大，使熔断器断开或保护装置动作，有关指示仪表指示失常，严重时线路绝缘或短路点处会烧焦或烧黑。

发生短路故障的主要原因有：①设备的维护管理不善、操作不当造成短路，如电气线路的绝缘浸水或严重受潮；电缆经过金属孔或锐利金属边缘时，由于衬垫破损而未及时更换，使绝缘破损。②操作中碰坏绝缘。③线路中接线柱间过脏，通电时柱间放电。④运行中或维修时金属零件掉落在导电部分上等。

检查线路是否有短路时，应首先切断电源，查出烧断的熔断器，用万用表的电阻挡在电路两端间测量电阻，若电阻为零，即为短路，如图 3－19(a)所示；若被测量电路为单路，可沿着线路对所有接线柱、串联的电器线圈或其他元件逐个检查。

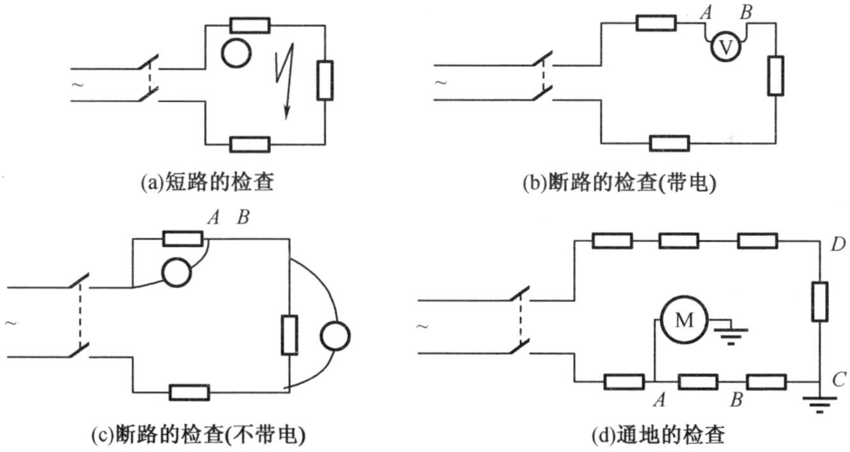

图 3－19　线路短路、断路、通地故障的检查

检查时为使测量准确，要把万用表电阻挡量程置于 $R\times 1\ \Omega$ 挡位置。线路中有电子元件及仪表等耐低压的器件时不得用兆欧表检查，以免损坏元器件。

当被测线路中有大容量的电容时，应在检查前将其断开，以免将电容充电误认为是短路。

2. 线路断路故障的检查

(1)发生断路故障的原因：线路熔断器熔丝烧断；导线接头处螺钉松动或螺母脱落；线

路主接触器触头接触不良；导线中导体断开，某些转换开关损坏或接触不良等。有些线路中有保护电器的触点，由于接触不良或该电器动作后未复位，使电路断路。有的设备本身有断路故障，如电动机绕组、电器线圈的导线有断路等。

(2)带电检查断路故障：可用万用表的电压挡进行检查，检查时，先把电路中的开关闭合，因为线断路，所以没有电流。电路中所接的各电阻、电感线圈及电动机绕组等都没有电压，而断路点两端的电压就是电源电压，因此用万用表的电压挡测量时，只要能指示出电源电压值，则表明两笔间的线路或元件有断路，如图 3 - 19(b)所示。

(3)不带电检查断路故障：此时必须断开电源开关，用万用表的电阻挡沿电路依次测量各元件或接线柱两端的电阻，当电阻是无穷大时，则两表笔间的线路必定有断路。检查时应注意被检查电路或元件不能有并联的通路，万用表应选择 $R\times1$ kΩ 挡或 $R\times10$ kΩ 挡位置，如图 3 - 19(c)所示。

3. 线路通地故障的检查

检查线路通地故障时可用兆欧表，先把接地的线路脱离电源，用“逐段缩小法”找出通地点，其方法是：把通地的电路分成独立的两部分，测其两部分对地绝缘电阻，把绝缘电阻为零的那部分再分成两份，测绝缘电阻，依此类推，哪一部分绝缘电阻为零，接地点便在这一部分，如图 3 - 19(d)所示。

任务七　电缆的安全使用与维护

一、电缆的主要类型

电缆按其绝缘材料分为两类：橡皮绝缘电缆和塑料绝缘电缆。橡皮绝缘电缆又分为天然橡胶(无代号)电缆、丁苯 - 天然橡胶(代号 X)电缆、丁基橡胶(代号 XD)电缆三种。船用控制电缆分类代号为 CK，船用电线分类代号为 CB，船用电力电缆分类代号为 J，船用通信电缆分类代号为 JH，船用控制电缆分类代号为 JK。

电缆按其护套材质可分为三类：金属丝编织电缆、铅包电缆和橡皮套管电缆。其中，普通橡皮套管代号为 H，非燃性橡皮套管代号为 HF，耐油橡皮套管代号为 HY，耐寒橡皮套管代号为 HD，铅包代号为 Q，镀锌钢丝编织外护套代号为 31，镀锡铜丝编织外护套代号为 32。电缆或电线的牌号就由上述这些代号组成，如 CXDHY 为船用丁基橡胶绝缘耐油护套电力电缆，CHF31 为船用天然橡胶绝缘非燃性橡皮套管镀锌钢丝编织外套电力电缆。代号中 R 表示软，P 表示屏蔽。电缆的结构如图 3 - 20 所示。

二、电缆的选择

1. 电缆牌号的选择

根据使用的要求,按电缆的用途、敷设位置环境(潮湿、屏蔽、防爆等)和工作条件(固定或是移动设备)来选择电缆的牌号。

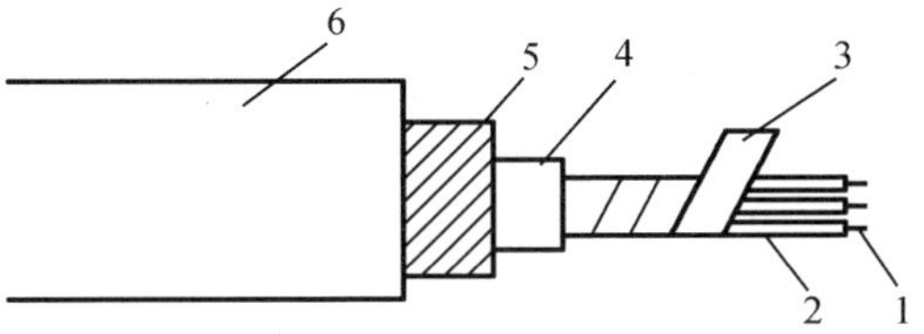

1—铜心;2—铜心橡皮绝缘;3,5—橡布带;4—非燃性耐油橡皮;6—金属丝编织外层。

图3-20　电缆的结构

2. 电缆截面的选择

根据用电设备的工作制、电流的种类、电缆芯数和负载功率确定通过电缆中的实际负载电流(计算电流)。按电缆中实际负载电流应小于电缆允许的载流量为原则来选择电缆截面,对于短时和重复短时负载用的电缆其允许载流量要乘以大于1的适当修正系数(1.1~1.8),这些数据都可以通过查阅电缆最大安全载流量及载流系数来获得。

三、电缆的检修和更换

经常检查电气设备的电缆有无损坏,特别是露天甲板和潮湿腐蚀性较大场所的设备及大功率照明器等的电缆,若局部损坏则局部修复,若无法修复则更换电缆。

若外部金属屏蔽层局部严重锈烂破坏,或者接地辫子线或接地线锈蚀损坏,则割掉损坏的一段屏蔽层,换上一段新的同样的金属屏蔽外套,绑扎好并按原样恢复接地。有利用金属外套末端做成一定长度的辫子线接地的,或利用金属外套与填料函螺母压盖紧密接触实现接地的,或将接地线用导电胶与金属外套胶结,或采用电缆外皮与固定电缆的紧钩、卡线板紧密接触等接地方式。

若电缆进线护套绝缘层或芯线绝缘层局部干缩、脆裂、发黏或破损,也采用局部修复。如果进线有充足余量,则可剪掉损坏部分,重新进入设备;若无余量,可剥去损坏的绝缘层,然后在芯线上包两层黄蜡绸,再套上玻璃丝质绝缘套管等。

如果电缆绝缘电阻低于最低允许值(表3-1),则需要更换新的电缆。

表 3-1 电缆最低允许绝缘电阻值

项目	最低绝缘电阻值/MΩ	项目	最低绝缘电阻值/MΩ
电力线路	0.75	电压 100 V 以上的船内通信线路	0.75
电压 100 V 以上的照明线路	0.75	电压 100 V 以下的船内通信线路	0.35
电压 100 V 以下的照明线路	0.2	航行灯、通信灯线路	0.5

四、检查绝缘电阻的方法

将被检测电缆的电源开关以及电缆与设备的接线端均断开，用 500 V（弱电缆用 100 V）手摇兆欧表检查电缆芯线对地的绝缘电阻。在同样不带电的条件下，用万能表欧姆挡检查电缆断路和芯线间或芯线对地的短路，检查断路也可利用金属地（船体）作为一根回线。对于电缆本身绝缘并未老化，而是由于插座或用电器受潮或进水而出现绝缘下降或短路，经电吹风热烘驱潮后即可恢复正常。露天甲板的密封插座盖未盖或未盖好就会出现这种情况，因此在检查时应引起注意。

更换长的线路电缆的工艺比较复杂，如电缆敷设、电缆紧固件拆卸和恢复、进线填料函的密封处理、电缆的接头及其标志号码的处理、金属外套的接地处理等，不同情况有不同的处理方法，一般是按原样处理。

项目四　船舶系统控制

任务一　船舶锚机控制系统

一、锚机概述

船上甲板机械中，起货机和锚机是两个主要的机械设备，在形式上一般有电动液压和电动两种，个别的也有用内燃机驱动或汽动的。电动液压形式的锚机主要设备有油泵、油马达及各种控制阀等，电动机的作用是拖动油泵恒速回转，提供动力，通过阀门控制油路驱动机械设备。电动形式的锚机的主拖动电动机多数采用变极电动机，电动机内部有多套绕组，极对数可以改变，所以电动机同步转速不同。起货机和锚机都需做正、反方向运转，对拖动电动机都需做启动、变极调速和制动的运转控制。为了方便，大多数锚机采用主令控制器进行控制。

二、电动锚机拖动要求和控制线路特点

锚机和绞缆机通常做成联动机组，可以用于抛锚和起锚，还可以用于系缆。

1. 电动锚机拖动要求

(1)控制线路中应设有自动逐级延时启动环节。

(2)电动机要有软的或下坠的机械特性，电动机应能承受堵转 1 min，堵转力矩应为额定力矩的 2 倍。

(3)电动机应能在最大负载力矩下启动。应急起锚时，电动机应能正常启动，在 30 min 内应能保证起锚 25 次。

(4)深水抛锚时，控制系统应能使电动机工作处于再生制动或能耗制动状态，以便实现把变速抛锚变为等速抛锚。

(5)控制系统应能满足在正常抛锚深度下，单锚的平均速度不小于 12 m/min，双锚不小于 8 m/min，收锚入孔一般在 3 m/min 左右。

(6)控制系统应采用电气及机械配合的制动，以满足快速停车和保护电动机的要求。

(7)应能满足在给定的航区内，单锚出土后能起双锚。

(8)要求起锚设备质量轻、成本低、调速平滑、控制简单、操作方便。

2. 控制线路特点

(1)用主令控制器来接通继电器、接触器对电动机进行正转、反转和调速控制。

(2)当主令控制器手柄从零位突然扳到高速挡时,控制线路应具有自动启动环节。

(3)控制线路应能适应电动机堵转 1 min 的要求。

(4)在深水抛锚时,控制线路应有再生制动和能耗制动的环节,以实现等速抛锚。

(5)控制线路应有短路保护、失压保护、过载保护等保护环节。

(6)控制线路应有电气及机械相配合的制动环节,以便快速停车。

三、电动锚机控制电路

图 4 - 1 为交流三速电动起锚机控制线路图,该控制电路是可逆的对称控制系统,用主令控制器控制继电器和接触器实现电动机的启动、停止及反转。

此电动锚机采用三速鼠笼式电动机,有两套独立绕组:一套为 4 极高速绕组;另一套是可变极绕组,单三角接法时是 16 极低速,双星形接法时为 8 极中速。高速和中速的转换是恒功率调速;中、低速级采用直接启动,中速至高速按时间原则自动延时启动。在高速运行过载时,能自动瞬时返回到中速运行;负载减轻后,要将主令手柄扳回中速后再扳到高速才能再次进入高速运行。过电流继电器 GLJ 的动作电流为高速级额定电流的 110% 。

此外,控制电路还有如下保护功能:失压保护、低速及中速级热保护、高速级过载保护、短路保护等。

四、工作原理

下面以图 4 - 1 所示电路图为例介绍电动锚机的工作原理。

1. 启动与运转

合上电源开关 DAK 和控制电路电源开关 LK,则主令控制器上的电源指示灯 MD 亮。主令手柄在零位时,LK1 闭合,失压继电器 LYJ 通电,触头(3 ~ 5)闭合,控制电路获电,同时时间继电器 3SJ 通电,触头(51 ~ 53)闭合,为 ZDC 通电做准备。

(1)起锚第一挡

主令手柄扳到起锚第一挡时,LK1 断开,LK2、LK4、LK7 闭合。方向接触器 ZC 和低速接触器 1C 通电,电动机绕组以三角形接法通电,同时 ZDC 通电,制动器松开,电动机低速运行。ZC 辅助触头(15 ~ 17)断开,使 ZC 与 NC 间实现电气互锁,而 ZC 的辅助触头(57 ~ 59)断开,使 3SJ 断电,触头(51 ~ 53)延时(不小于 1 s)断开;使制动器线圈 ZDC 串入经济电阻 R_3。

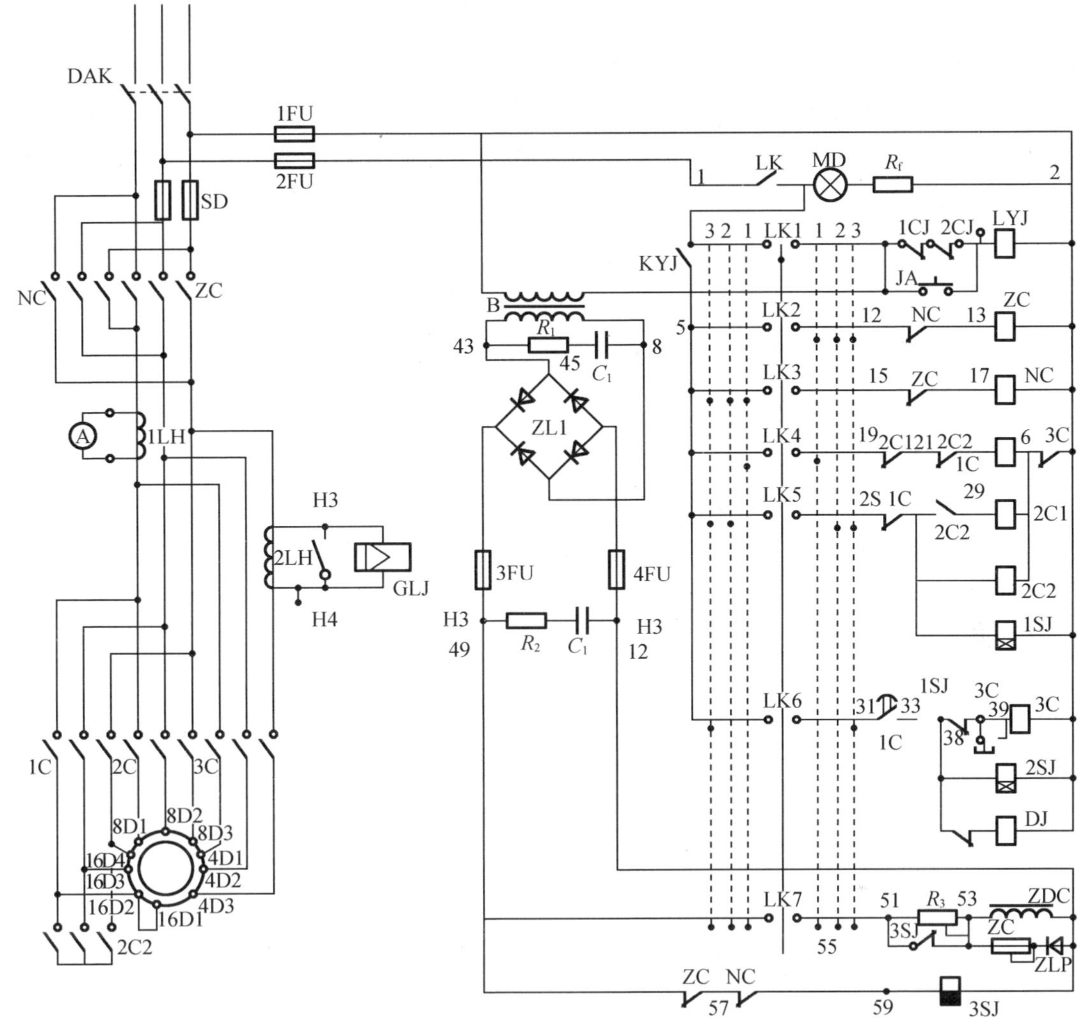

图 4-1 交流三速电动起锚机控制线路图

(2)起锚第二挡

主令手柄扳到起锚第二挡时，LK4 断开，LK5 闭合。1C 断电，中速接触器 2C2、2C1 相继通电，电动机以双星形接法通电中速运行。2C1、2C2 与 1C 间通过其辅助触头进行电气连锁。时间继电器用 1SJ 通电，触头(33～35)延时闭合，为 3C 通电做准备。

(3)起锚第三挡

主令手柄扳到第三挡时，LK6 闭合，中间继电器 DJ 通电，其触头将过电流继电器 GLJ 线圈短接，使 GLJ 在换挡过程不动作。高速接触器 3C 通电，电动机高速绕组通电，同时辅助触头(2～6)断开，而辅助触头(37～39)闭合，使 3C 线圈自锁并使 1C、2C1、2C2 断电，电动机高速运行。同时时间继电器 2SJ 通电，其触头延时断开(2SJ 延时整定在电动机的额定负载时,中速级稳态转换到高速级稳态的时间一般为 1 ~2.5 s),使 DJ 断电,其触头断开,GLJ 便起高速级过载保护作用。

高速级运行过载时,GLJ 动作,触头断开,3C 断电,使 2C2、2C1 相继通电,电动机转换到中速级运行。3C 断电后,其自锁触头(37 ~39)断开,因而过载消失后不能自行通电,如需高速运行,其手柄必须从第三挡退回第二挡,再扳到第三挡才行。

主令手柄由零位快速扳至起锚第三挡时,2C2、2C1 立即通电,电动机直接中速启动,经 1SJ 延时后(一般为 0.5 ~2 s)3C 通电,转换到高速运行。

当热继电器 1CJ、2CJ 过载动作时,因热继电器自动复位时间约需 2 min,在应急情况下,仍需要电动机低速或中速运行时,可按下主令控制器上的应急按钮 JA,使电动机继续强行工作。

2. 抛锚(反转)与停车

主令手柄放在抛锚各挡时,工作情况与起锚相同,仅以方向接触器 NC 代替 ZC 通电,使电动机反转。深水抛锚时,电动机在锚的拖动下进入再生制动状态,实现等速抛锚。

停车时,主令手柄扳回零位,电动机电源被切断,制动器断电进行机械制动,电动机迅速停止运行。

任务二 船舶舵机控制系统

一、舵的工作原理

舵位于船纵剖面上,通过舵机使其转动。舵由舵叶和舵杆组成,舵叶通过舵杆垂直安装在船尾的螺旋桨后面,如图 4 -2(a)所示。

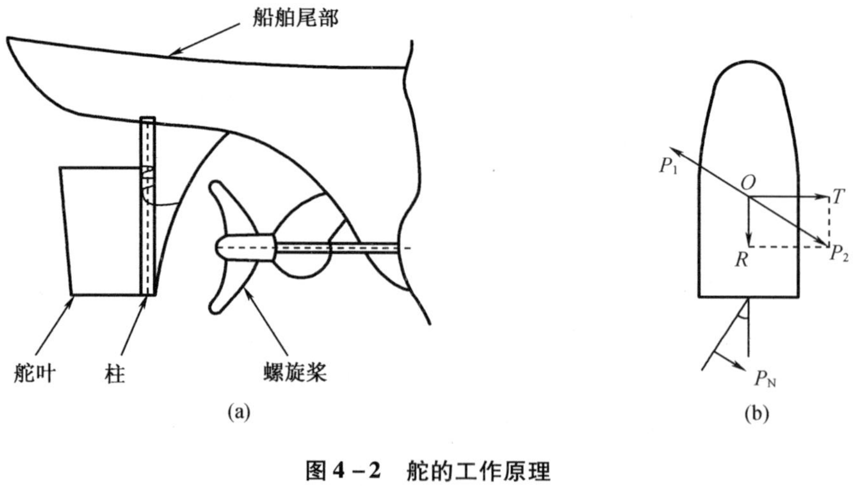

图 4 -2 舵的工作原理

船舶航行时，若舵叶处在正舵位置，由于作用于舵叶两侧的水流速度相等，所产生的压力也相等，因此舵对船舶的航向基本上没有影响，也就是说船是沿直线航行的。

如果舵向左偏转β角（又称舵角），这时舵叶两侧的水流速度不再对称，作用于舵叶上的压力也失去平衡，因而产生一个垂直于舵面的方向力P_N。根据力的分解，在船舶重心O点加一对大小等于P_N，而方向互为相反的力P_1和P_2，则P_1和P_N形成力偶矩，即产生转动力矩，使船舶绕自己重心向左转动，如图4－2(b)所示。而P_2可分解为船舶纵向分力R和横向分力T，分力R构成船舶前进的阻力，使船舶减速，分力T则使船舶产生横向漂移。由于P_N与船舶重心O并不一定在同一平面内，因此在船舶转向的同时，还伴有纵倾和横倾现象。

二、舵机电力拖动方式及对电控设备的要求

1. 舵机电力拖动方式

目前舵机按拖动方式主要分为电动机械传动舵机和电动液压传动舵机两类。电动机械传动舵机系统（图4－3）的换向（左舵、右舵）和调速是在电动机方面进行的，因此对电动机及其控制系统有一定的要求。电动液压传动舵机系统（图4－4）的换向和调速是在油泵或油路中进行的，对于拖动油泵的电动机没有特殊要求，在交流船舶上，一般采用鼠笼式异步电动机，在整个航行期间，油泵始终是以定速、定向运转的。

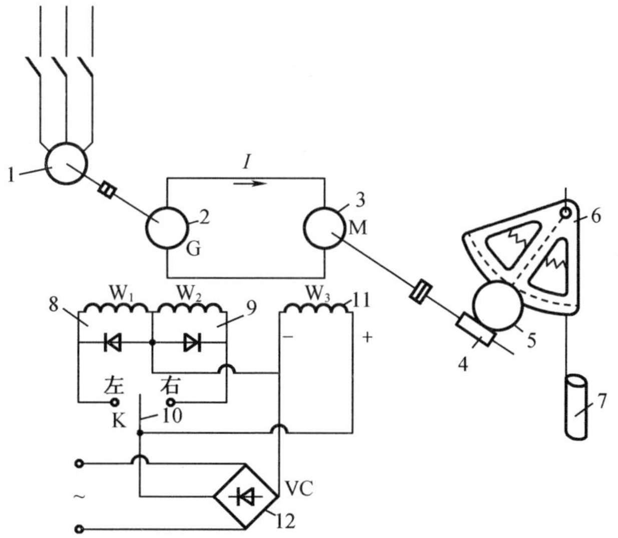

1—拖动电动机；2—发电机；3—舵机电动机；4—蜗杆；5—蜗轮；6—扇形齿轮；7—舵叶；
8，9—发电机正、反向励磁线圈；10—操舵开关；11—电动机励磁绕组；12—整流器。

图4－3　电动机械传动舵机系统

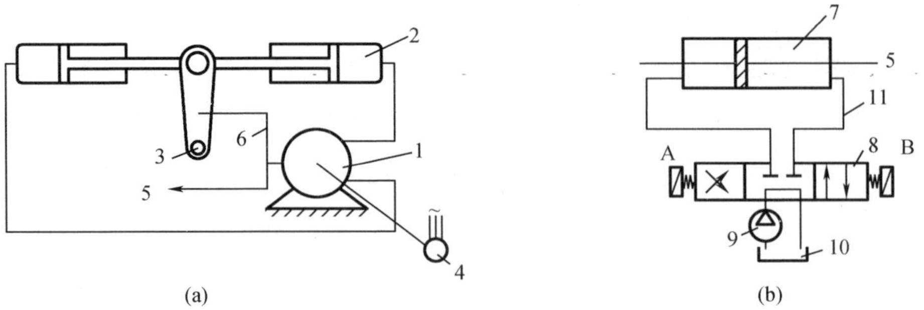

1—双向变量泵;2—液压缸;3—舵柱;4—拖动电动机;5—拉杆;6—三点式反馈杆;

7—伺服机构油缸;8—电磁阀;9—油泵;10—油槽;11—油路;A、B—控制油路电磁阀。

图 4 –4　电动液压传动舵机系统

目前海船上采用电动机械传动舵机系统的较多。电动机通过蜗轮、蜗杆、扇形齿轮等机械传动机构,再经缓冲弹簧带动舵柄和舵叶转动。电动机电源由发电机供给;交流异步电动机作为发电机的拖动原动机。

电动液压传动舵机系统由一台单向恒速运动的交流电动机拖动一台双向变量泵,该油泵向活塞式液压油缸提供高压油,由液压缸装置驱动舵叶偏转,通过拉杆移动变量泵的偏心,可以改变液压缸左右进油油路的方向。在图 4 –4 (b)中,控制左右电磁阀接通断开,可以控制液压伺服机构活塞杆左右移动方向,也就是说伺服机构的拉杆可以移动变量泵的偏心,从而改变舵叶转动的方向。当左电磁阀 A 通电时,油泵中的油经箭头所示油路流入右侧油路,进入伺服机构,使伺服机构活塞左移,油缸中左侧的油压流向油槽,箭头表示油路通向;当右电磁阀 B 通电时,油路流向刚好相反,而拉杆反向拉动变量泵偏心,从而控制舵叶的左右偏转。

对于小型船舶来说,由于功率小所以省去了中间级,电磁阀直接控制油泵和液压缸中油路流向,使舵叶偏转,转舵形式比较简单,如图 4 –5(a)所示。

2. 舵机操控系统对电控设备的要求

船舶舵机系统供电应由主配电盘直接从左右两舷两路独立馈电,其中一路还应与应急配电盘相连接,这样即保证了供电的可靠性。

在拖动方面,要求有关电动机采用连续工作制,对于电动机械传动舵机,电动机须具有软的机械特性,以使其有足够的过载能力。

在操舵方面,要求船舶在最大航速前进时,不仅能将舵转到最大角度,而且有足够的转动速度。对海船来说,要求从一舷最大舵角(35°)转到另一舷最大舵角所需时间不超过 30 s。

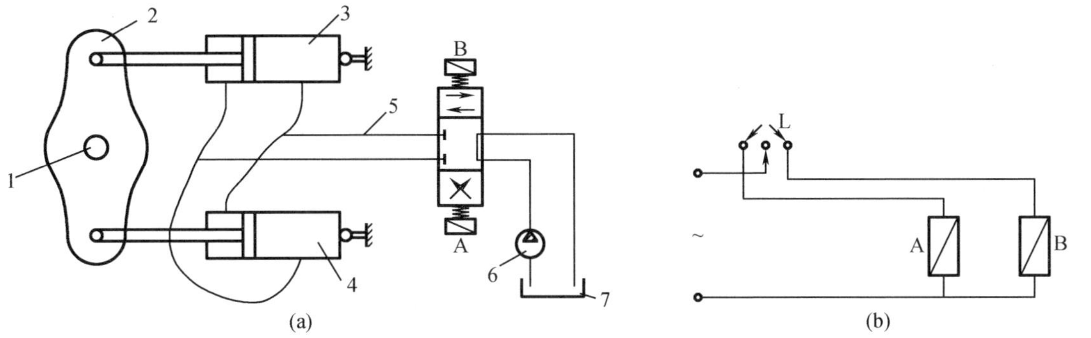

1—舵柱;2—转舵机构;3,4—液压缸;5—油路;6—油泵;7—油槽;A、B—控制油路电磁阀。

图 4-5 小型舵机传动形式与单动操舵

对舵的操纵至少应有两个控制站，分别设在驾驶室和舵机室内，控制站间要有转换开关。

三、操舵方式

1. 单动操舵

单动操舵为手动操舵装置，因其结构简单，工作可靠，在老式船上或小型船上是主要的操舵设备。单动操舵的操舵方式是通过将操舵手柄向左或向右扳动，或者按动左舵或右舵按钮来切换电路，使舵叶左转或右转，在操舵时由舵工观察舵角指示器，以此来确定操舵动作。

在图 4-3 所示的电路中，单动操舵是通过转换开关 K 进行操舵的，船舶交流电压经整流器 VC 向直流发电机 G 的励磁绕组 W_1、W_2 和舵机电动机 M 的励磁绕组 W_3 供电。当船舶向左偏航时，则操右舵，使船回航，即开关 K 摆向右侧，W_2 通以励磁电流，发电机 G 发出电压，输出电流 I，电动机 M 顺时针方向转动，经过蜗轮、蜗杆、扇形齿轮传动，使舵叶右偏。当右偏到符合要求的角度(由舵角指示器观测)时，开关 K 再复位到零位。发电机励磁消失，输出电压为零，舵叶就停在右舵某一角度上。船舶在右舵作用下逐渐回到正航向的过程中，必须回舵，回舵时又将开关 K 扳到左侧，W_1 绕组励磁(与前者相反，电动机反转)。当偏舵角逐渐减小，舵叶逐渐接近艏艉线时，开关 K 也应复零位，此时船舶也回到正航向上。当船舶向右偏航时需操左舵予以校正，与上述过程相反。

在电动液压传动舵机系统中，单动操舵通过转换开关直接控制左右舵电磁阀来实现，如图 4-5(b)所示。当控制开关 L 扳向左方时，则 A 电磁阀接通，控制伺服机构拉杆左移，从而控制舵叶左偏；当 L 开关扳向另一方时，则 B 电磁阀接通，舵叶右偏，其操舵过程完全与上述相同。

2. 随动操舵

随动操舵又称跟踪操舵，是手轮操舵的一种方式。它的特点是舵工把操舵手轮转到某一指令舵角，舵叶就跟随手轮转动方向转动同一大小的偏舵角。如果手轮转到左舵 10°位置时，舵叶就向左跟转到 10°的舵角位置停下来。当手轮又复转到零位（中间位置）时，舵叶也跟随转到艏艉线上停下来。所以随动操舵时，舵叶偏转角度与操舵手轮的指令角度位置是一致的（图 4－6）。

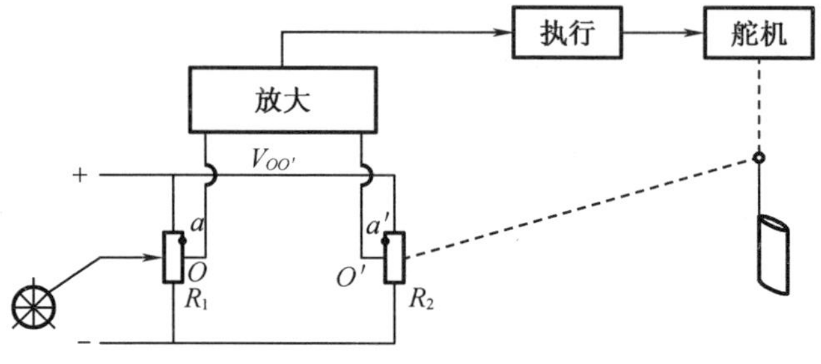

图 4－6　电位计型随动操舵原理图

虽然随动操舵的具体电路各不相同，但就发送、接收指令的元件来说，使用较多的基本可分为两大类：一类为电位计型，另一类为无触点自整角机型。

（1）电位计型

在电位计型随动操舵设备中，操舵手轮轴和舵叶轴分别带动两个电位计的中心滑动点组成电桥电路，如图 4－6 所示。当操舵手轮和舵叶也在中心位置时，电桥中电位计滑臂也在中间位置，电桥输出为 0，即 $V_{OO'}=0$；当操舵手轮转过某一角度时，电位计 R_1 由中心点 O 移到某点 a，而舵叶此时未转动，故此时有电桥输出，其电压偏差为 $+V_{OO'}$，经放大控制舵机转向，使舵叶偏转，在舵叶偏转过程中舵角反馈电位计由中心点 O' 移动到 a'，负反馈使电桥重新平衡，放大器输入电压 $V_{OO'}=0$，则执行机构停止工作，舵叶停止偏转，指令舵角与实际舵角相一致。此时若手轮返回到指令舵角为 0°时，由于 $V_{OO'}$ 出现反向，使舵叶也回复至零位停止偏转。

（2）无触点自整角机型

无触点自整角机型是指以自整角机作为发送和反馈元件的系统，其原理如图 4－7（a）所示。操舵手轮轴通过机械连接转动发送的自整角机转子，则在自整角机的三相绕组中输出交流电压，常利用其中两相绕组输出正弦交流电压。假定起始位置设在零位，即自整角机输出 $V_{OO'}=0$。当操舵手轮向左或向右转动时，分别可以得到两个相位相反的 $V_{OO'}$ 的交流电压，如图 4－7（b）所示，其中一个为实线所示，另一个为虚线所示，其大小随转角大小而变化。根据不同转向和转角大小，通过相敏整流电路（图 4－8），转换成具有一定极性（反应自整角机转子转向）和大小（反应自整角机转角大小）的直流输出电压。在图 4 -8 中，假定在某一瞬间自整角机输出电压与参考电压瞬时电压极性如图中 + 、- 所示，则按两个电源电压叠加的电流流向，输出应为 $+V_{ab}$ 电压。而在交流另一半波时，各极性为 + 、- 表示，但输出电压 V_{ab} 仍为正的值，在自整角机 ±45°转角范围内，其大小几乎与操舵手轮转动角度呈线性关系，当转角增大时，相敏整流电压也随之增大。当操舵手轮反向操作时，因参考变压器极性未变，而发送机输出极性与上述刚好相反，所以在交流的正负半周内，输出反极性电压为 $-V_{ab}$。

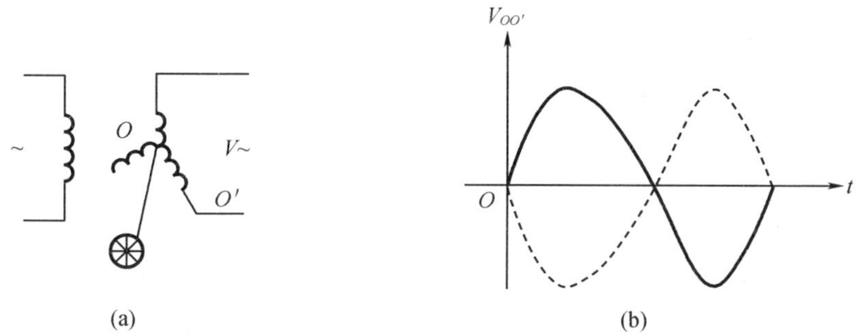

图 4 -7　自整角机输出电压

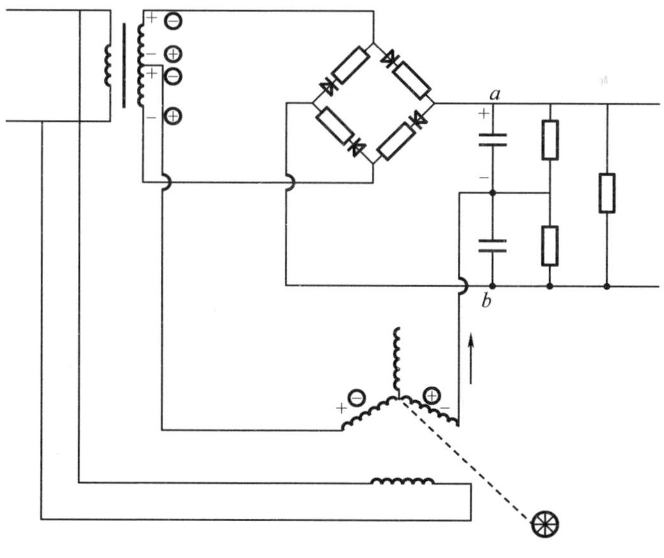

图 4 -8　相敏整流电路

在图 4 -9 中，在舵角反馈电路上也有一个相同的相敏整流电路，它把舵角的变化转换成相应极性的电压。它与操舵手轮所控制的相敏整流电压相比较，所产生的误差电压经放大去控制相应的执行机构和舵机，构成一个完整的跟踪系统。

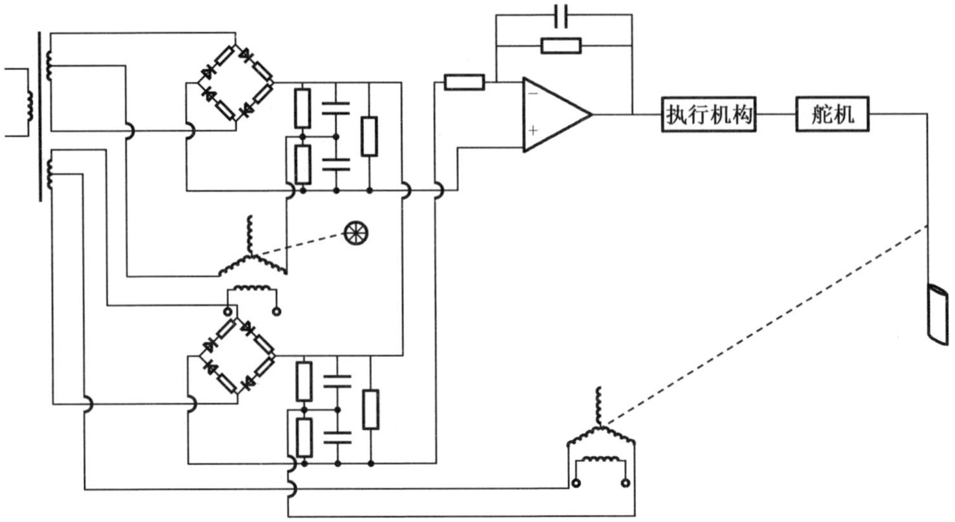

图 4－9　随动操舵系统图

图 4－10 所示为舵机电气控制原理图，图中舵机执行电机为电动机，利用电动机正反转控制来实现船舶舵机正反转动目的。图中 L_1、L_2 为单动操舵左右按钮，LM 为操作转换开关。电动机的停止采用能耗制动环节。KL_1、KL_2 为舵角转动的极限保护。

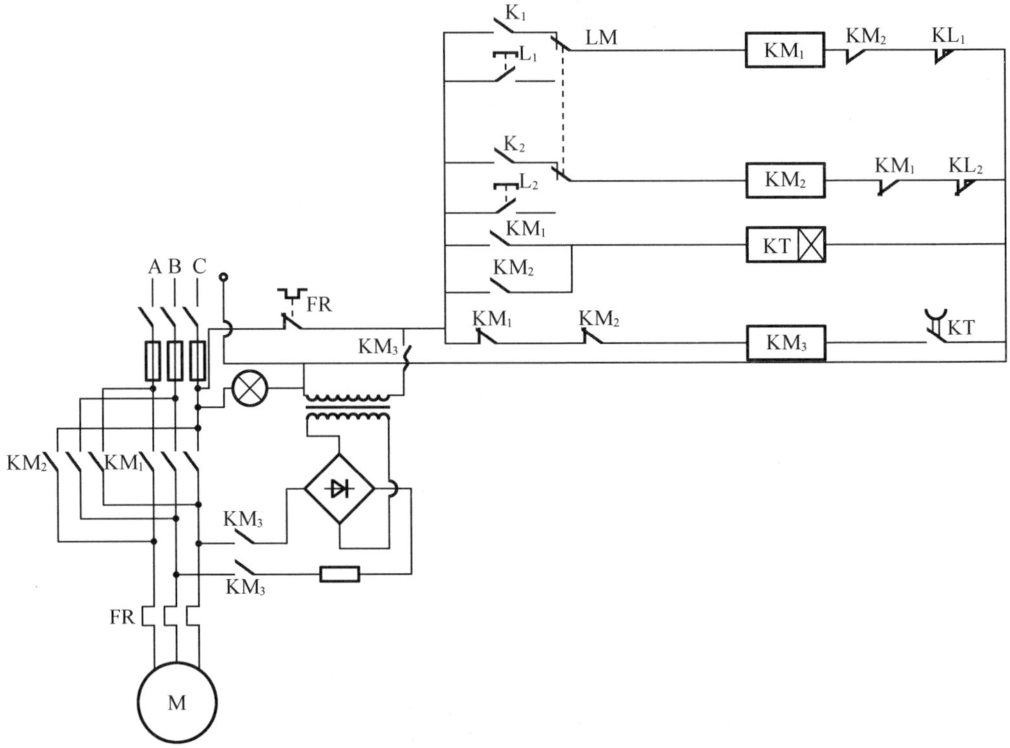

图 4－10　舵机电气控制原理图

图 4－11 所示为舵机电子控制原理图。电子控制部分由操舵手轮与舵叶带动的自整角机各经相敏整流比较后进入第一级放大电路，然后连接死区调节回路。调节 W 的大小可以改变 *CD* 两端正、负电压以获得如图 4－12 所示的特性。U_{o1}、U_{o2}在－12 V 时，晶闸管 SC_{R1}、SC_{R2}截止；而 U_{o1}、U_{o2}在＋12 V 时，晶闸管 SC_{R1}、SC_{R2}导通。因此，舵机电动机正、反向转动，通过舵机转角的变化，经相敏整流后负反馈到输入端与发动机相敏整流电压平衡，晶闸管是通过阳极过零电压关断的。调节 W 可调节切换点电压，使操舵灵敏度得到调整，该电子控制部分经 K_1、K_2 继电器输出去控制图 4－10 中的 KM_1 和 KM_2 正反向接触器，使电动机正反转，从而控制左右舵运转。读者可通过对船舶操舵电气控制线路的了解，在分析和计算该电子控制线路的基础上，实际制作其中某一部分线路。

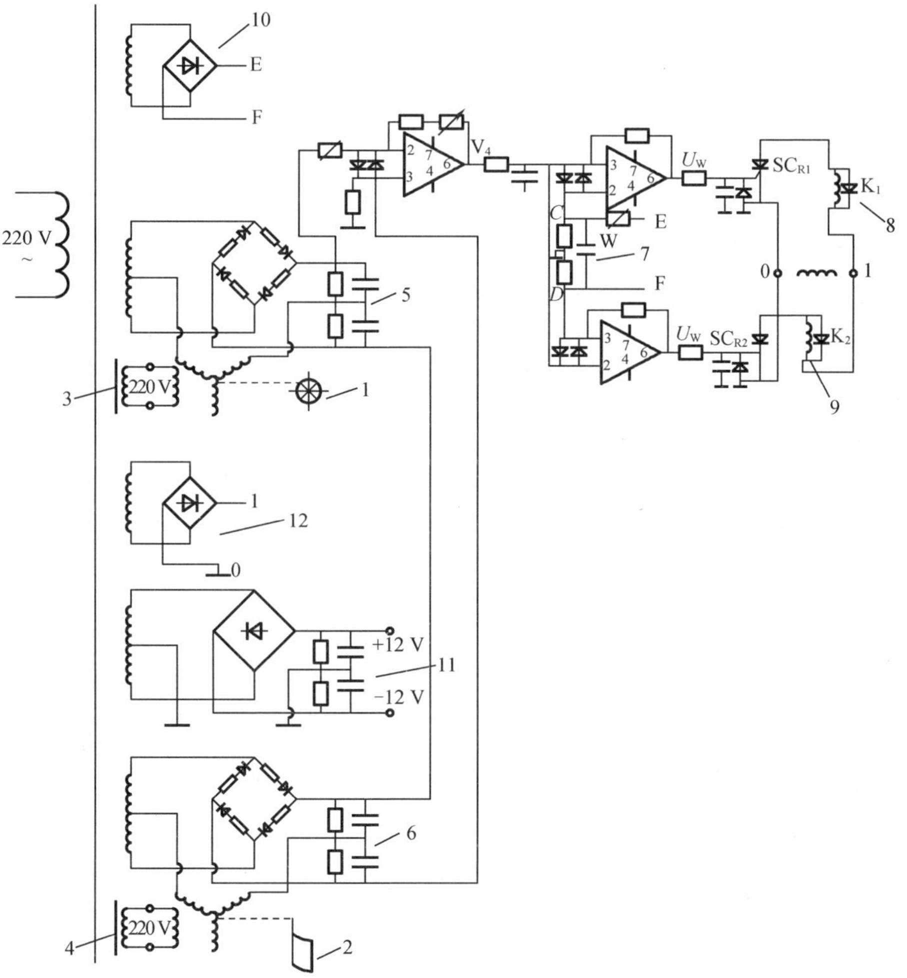

1—舵机手轮；2—舵叶；3，4—自整角机励磁电源；5，6—相敏整流电路；7—死区灵敏度电路；8，9—左、右舵控制继电器；10—灵敏度调节电源；11—运放电源；12—晶闸管电源。

图 4－11　舵机电子控制原理

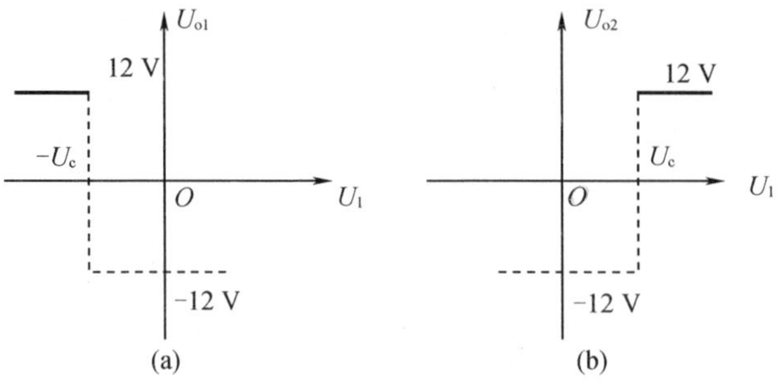

图 4－12　运放输出电压图

任务三　船舶制冷控制系统

一、制冷原理

自制冷装置问世以来，不过百余年的历史，但人工制冷现在却已广泛地应用于工农业生产、医疗及国防科研等各个领域。在近代船舶上，制冷也同样得到了广泛的应用。

船舶制冷的目的是为了实现有制冷需求的货物的冷藏运输和为船员旅客冷藏必要的食物。

制冷系统的基本原理是将低温低压气态制冷剂在压缩机的作用下压缩，成为高温高压气态制冷剂，这些制冷剂在冷凝器冷却后成为低温低压的液态制冷剂放在存储器中。当冷库的供液电磁阀打开时，液态制冷剂进入冷库蒸发器汽化，并从冷库中吸收大量热量，使冷库温度降低。例如，选择汽化温度很低的液态制冷剂（如氟利昂－12），吸热后的气态制冷剂再回到压缩机的吸入口，循环使用。制冷系统组成如图 4－13 所示。

二、船舶制冷系统的组成

船舶制冷系统是一个大系统，里面包含几个子系统，如冷库温度系统、压缩机启停控制系统以及冷却水量调节系统等，制冷剂循环使这几个系统联系起来。

1. 温度控制系统的控制过程

温度控制系统的控制过程如图 4－14 所示。

当冷库内温度上升到温度继电器 KT 的高温稳定值时，测温元件 T 使 KT 触点接通，打开电磁阀 YV，液态制冷剂经膨胀阀进入蒸发器吸热，使冷库的温度逐渐降低。当温度降低到温度继电器 KT 的低限整定值时，电磁阀关闭，制冷剂停止进入蒸发器，周而复始，控制温度达到给定值。

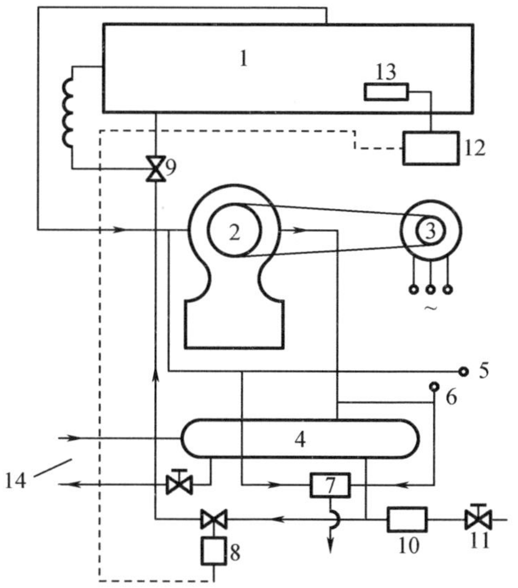

1—冷库;2—压缩机;3—电动机;4—冷凝器;5—入口压力表;6—出口压力表;7—压力开关;
8—供液电磁阀;9—膨胀阀;10—过滤器;11—充液气阀门;12—温控器;13—测温器;14—冷却水循环。

图 4－13　制冷系统图

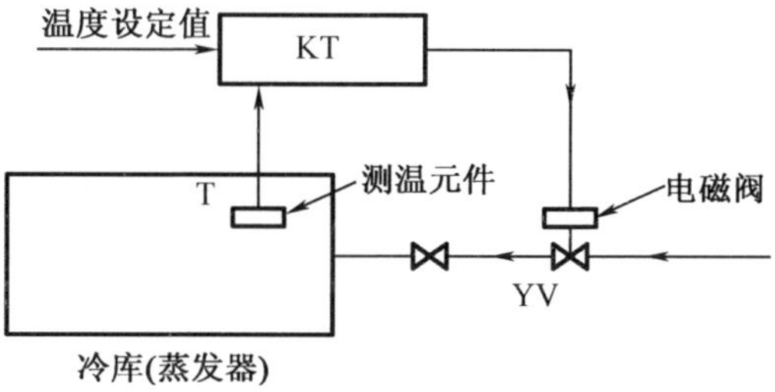

图 4－14　温度控制系统的控制过程

2. 压缩机启停控制

制冷剂的循环使用是由压缩机的正常运转保证的,压缩机的电动机启停是由一个装在压缩机入口处的压力双位开关(KP)控制的。

如图 4－15 所示,当来自冷库蒸发器的低温低压气态制冷剂流到压缩机吸入管,使入口压力上升到压力继电器 KP 的某一整定值时 KP 动作,通过控制器启动电动机 M,于是压缩机工作使入口处的低温低压气态制冷剂吸入并压缩成高温高压气体,进入冷凝器冷却成液态高压制冷剂,供系统循环使用;当入口压力下降到 KP 的某一整定值以下时,则压缩机停止工作。在图 4－15 中,KP 压力开关同时也接受压缩机出口处的制冷剂压力,当压力超过规定压力时,KP 高压开关动作,断开电动机电路,保护压缩机。

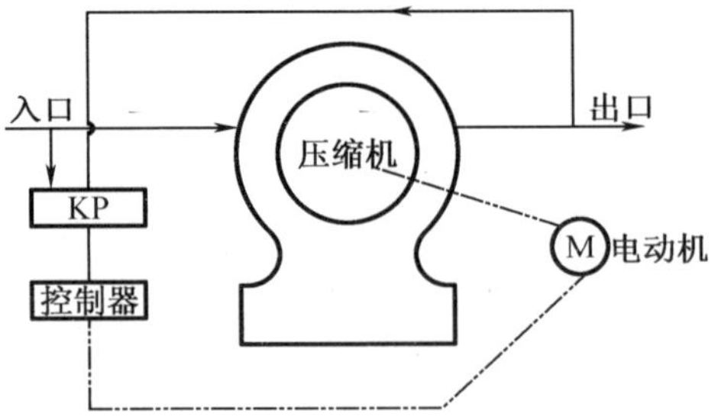

图 4－15　压缩机启停控钮

3. 冷却水量调节

冷却水量的调节是以冷凝压力为信号自动调节水量调节阀的。该装置装设在冷凝器的进水管上，调节冷却水流量，以保持和稳定冷凝压力，如图 4－16 所示。

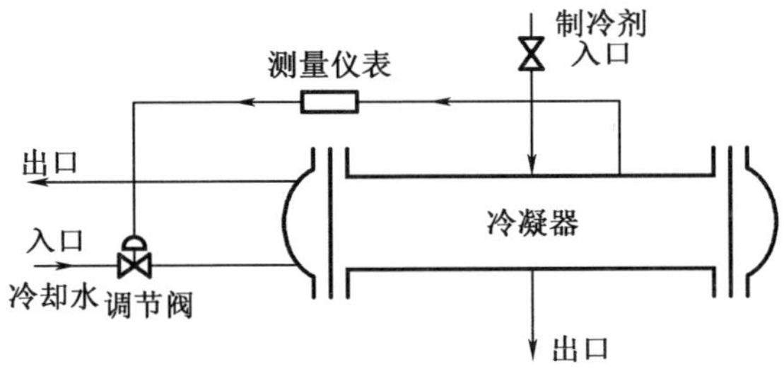

图 4－16　冷却水量调节

三、制冷系统有关的自动化元件

1. 热力膨胀阀

由于冷库的热负荷是经常变化的，所以制冷装置的制冷量也需做相应的变化以保持两者的平衡，为此必须及时地调节供入蒸发器的制冷剂流量，而热力膨胀阀就是可根据蒸发器出口制冷剂蒸气过热度的变化来调节供液量的一种调节机构。由于热力膨胀阀还同时对制冷剂起节流降压的作用，所以又称为节流阀。如图 4－17 所示，供入热力膨胀阀的液态制冷剂经针阀调节流量并节流降压后进入蒸发器。制冷剂在蒸发器管中吸热蒸发，流至出口处时已成为过热蒸气，这样放置在出口处的温包会感受到该处制冷剂蒸气的温度。由于温包中充有 R12、R22、R13、氯甲烷或乙烷等低沸点液体，所以在温包感受到一定温度后，其中的充剂就会对应地产生一定的饱和压力，经毛细管传递到膜片的上方，并经膜片自上而下地力图将针阀开大、关小，以增加或减少制冷剂流量。

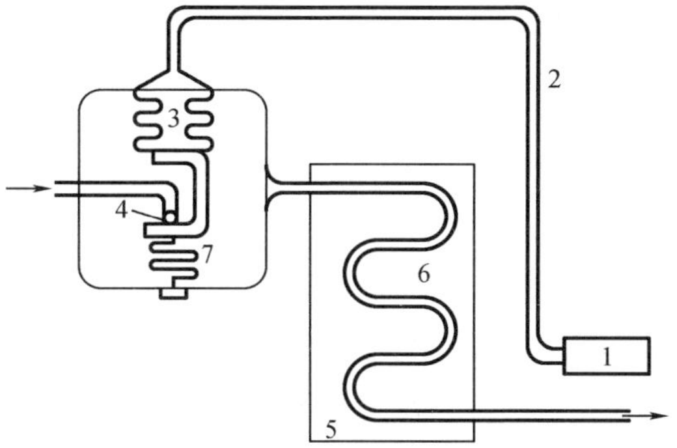

1—温包;2—毛细管;3—波纹管;4—针阀;5—冷库;6—蒸发器;7—弹簧。

图4－17　热力膨胀阀

2. 温度控制器

图4－18所示为温度控制器原理图。当温包感受的温度较低时,在主弹簧的作用下,杠杆处于水平位置。止动螺钉碰到底板上,动触头与定触头断开,供液电磁阀关闭。当温包感受的温度升高时,杠杆沿逆时针方向偏转(刀口支点在5处)。起初只需克服主弹簧的拉力,但当螺钉压住幅差弹簧后,杠杆的继续偏转就必须同时克服主弹簧的张力。当温度升高到调定值的高限时,由于杠杆偏转的程度已使弹簧片积累了足够的弹力,所以动触头会迅速与定触头接通,使供液电磁阀通电开启。当温包感受的温度回降时,由于主调弹簧和幅差弹簧的共同作用,杠杆就要沿顺时针方向偏转。当杠杆偏转了某一角度以使螺钉与幅差弹簧座脱离后,杠杆偏转就仅仅受到主弹簧的作用。当库温降低到调定值低限时,动触头在弹簧片的作用下又会迅速与定触头断开,供液电磁阀随之关闭。

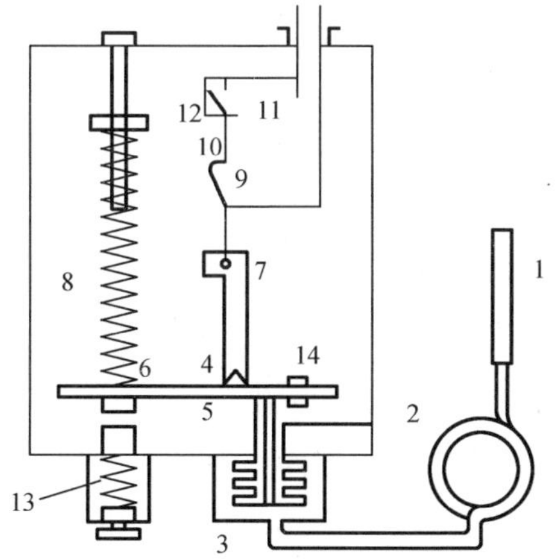

1—温包;2—毛细管;3—波纹管;4—杠杆;5—刀口支架;6—螺钉;7—拨臂;8—主弹簧;

9—弹簧片;10—动触头;11,12—定触头;13—幅差弹簧;14—止动螺钉。

图4－18　温度控制器原理图

通过以上分析可见，主弹簧拉力的大小决定着温度控制器触头断开时被控温度的高低，即决定着调节值的低限；而幅差弹簧张力的大小则决定了触头闭合温度和断开温度的差值，即决定了调整值的高限。

3. 压差控制器

压差控制器又称油压差继电器，它是一种以滑油压差作为控制信号的电开关，用来在滑油泵排、吸两端的差压低于某一调定值时自动切断压缩机的电路，以实现保护性停车。因为在正常情况下，流过压缩机润滑点的滑油是否充足主要取决于滑油进出润滑点的压差，且由于压缩机在启动时总需经历一定的时间才能建立正常的滑油压力，而且压缩机也允许在缺油的情况下工作一个很短的时间（活塞式制冷压缩机一般为 50 ~ 90 s），所以暂时性的滑油压差不足并不需要立即停车，因此在压差控制中就需设油延时机构。

压差控制器上有延时用双金属片、电加热器和双金属片弯曲变形而动作的延时开关，因此压差控制器主要由压差开关、电加热元件和延时开关触头组成，如图 4 – 19 所示（图中双金属片等元件未画出）。在油压建立前，差压开关闭合，加热元件通电，若在设定时间（如 90 s）内建立起油压，则差压开关断开，延时开关触头不动作，否则延时开关触点断开。其具体应用线路可参考下文的压缩机控制电路图。

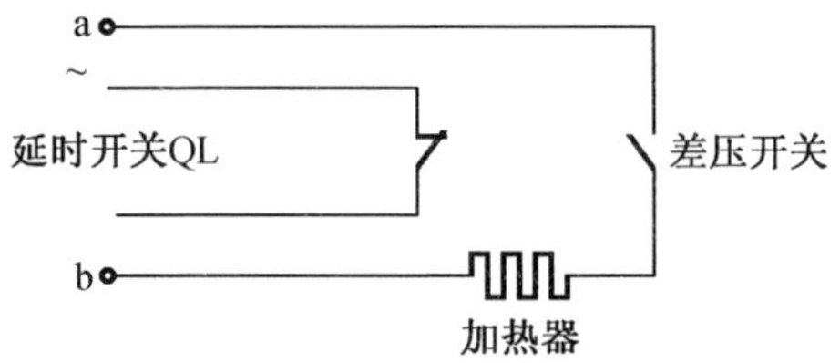

图 4 – 19　压差控制器

4. 压力继电器

压力继电器是用压力作为控制信号的电开关。在制冷装置中，压力继电器常作为直接控制压缩机启停的安全保护设备。按压力控制范围的不同，压力继电器可分为低压和高压继电器，其基本原理相同，有时同装在一个盒内。低压继电器是以吸入压力为信号，用于控制压缩机启停，以使吸入压力保持在调定的范围内，从而维持库温的稳定；而高压继电器是以排出压力为信号，用来防止压缩机排出端的压力过高，起高压保护作用的。

图 4 – 20 所示为压力继电器。对低压继电器，压缩机吸入口压力经波纹管与主弹簧的压力相抵消，使摆动杆上下摆动，当入口压力升高时，摆动杆将沿逆时针方向偏转，压缩主弹簧，同时放松幅差弹簧。在摆动板右端上移 ΔS_1 后，由于限位架已被支架钩住，幅差弹簧的影响消失，此后摆动板的继续偏转就与幅差调节的拉力无关了。摆动板的右端又要上移

ΔS_2，而摆动板的左端则压动微动开关。此时，动触头 a 即会在弹簧的作用下，迅速地由触头 b 跳向触头 c 使电路接通，使压缩机随之启动。当吸入压力下降时，摆动板在主弹簧的张力作用下，沿顺时针方向偏转，其右端在限位架的长孔中自由下移，并在移动 ΔS_2 后到达长孔的下部边缘。这时幅差弹簧的拉力阻碍摆动板继续偏转，从而使吸入压力只有降低到更低时电触头才能转换。当吸入压力降低到调定值的低限时，摆动板右端又将下移 ΔS_1，这时摆动板左端就会将开关动触头 a 从 c 跳回 b 端，切断电路，使压缩机停机。

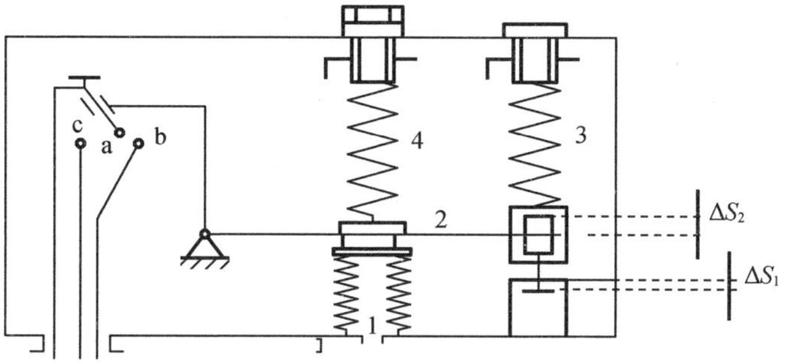

1—波纹管；2—摆动杆；3—幅差弹簧；4—主弹簧。

图 4－20　压力继电器

四、压缩机

压缩机控制电路如图 4－21 所示。

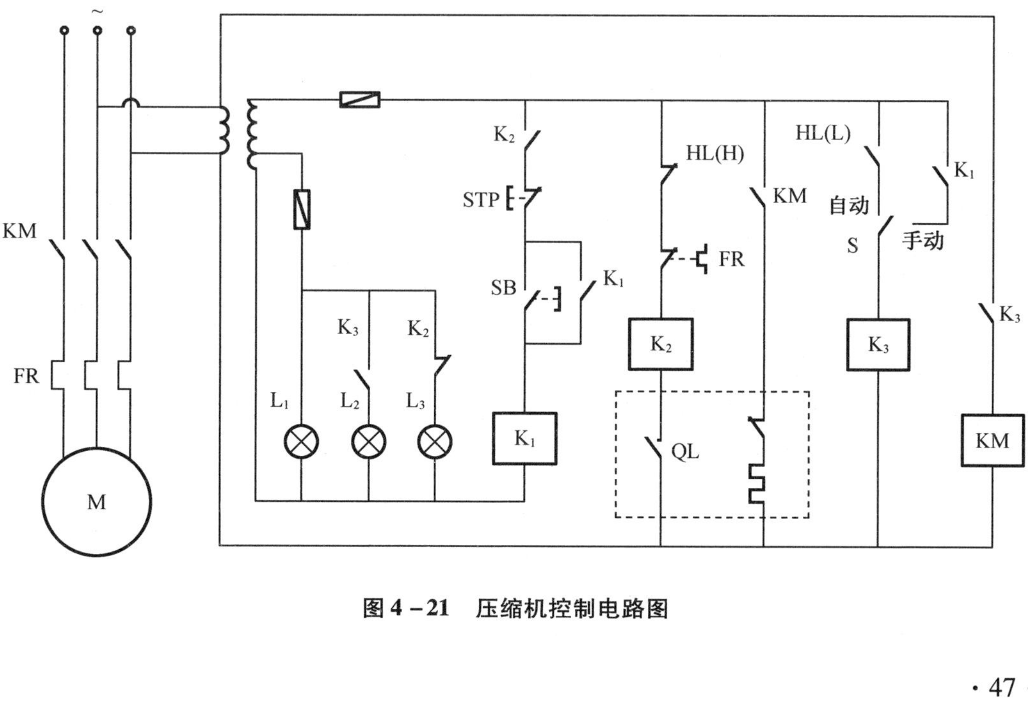

图 4－21　压缩机控制电路图

要使制冷系统安全可靠地工作,电气控制必须具备以下环节。

1. 高压保护

当压缩机正常工作排出压力过高时,压缩机应自动停止运行以保护压缩机免受损坏。

2. 滑油压力保护

要使压缩机正常工作,应在压缩机运行后建立一定的滑油压力,否则应停止压缩机运行。

3. 电动机过载保护

当接通电源后,电源指示灯 L_1 亮,表示电源正常。当压缩机出入口压力正常时,高低压开关的高压接点 HL(H)闭合。在停机状态下,油压开关中延时触头 QL 闭合,压缩机电机不过载。FR 触头闭合,则中间继电器 K_2 通电吸合,其触头接通启动电路电源,当按下启动按钮 SB 后,K_1 继电器闭合,并自锁,操作机关 S 在手动情况下接通 K_3,它的触头接通主电路接触器 KM,使压缩机电动机 M 启动,按下停止按钮 STP 时,电动机即停止转动。在自动操作情况下,操作转换开关 S 拨向“自动”位置,当压缩机入口压力高于某一整定值时,HL(L)触头闭合,使 K_3 继电器自动接通,压缩机自行启动,当入口压力低于某一值时,断开 K_3 继电器,电动机即停止运行。图 4-21 所示电路图中,L_2 为运行指示灯,L_3 为故障显示指示灯。

4. 冷库温度控制及自动融霜

冷库温度控制及自动融霜电路如图 4-22 所示。图中融霜定时器实际上是由一个小型电动机带动的钟表机构和电气触头组成的,它可以通过调节旋钮调节制冷期、融霜期及其间隔的长短。当系统运行在制冷期时定时器的触头 1 与 3、2 与 5 接通;如制冷 2 h 后转入融霜期,则触头 1 与 4、2 与 6 接通;如融霜期设为 5 min,则 5 min 后又转入制冷期,周而复始。在制冷期,因为在图 4-21 中 K_2 接通,表示压缩机运行正常,所以在图 4-22 中,K_2 触头闭合,使继电器 X_0 获电,接通温控电路,为冷库温度控制开关 TH 及供液电磁阀 V 工作做准备,当工作在自动操作情况下时,钟表电动机使之运转,若在制冷情况下,则 X_1 继电器通电。当冷库温度高于设定上限值时,TH 也接通继电器,所以使电磁阀支路通电,打开电磁阀 V,则制冷剂流入冷库的蒸发器制冷,同时定时器触头 2 与 5 接通,则风机接触器 F 工作,蒸发器风机运行,使冷库制冷均匀。2 h 后,定时器转入融霜期,使触头 1 与 3、2 与 5 断开,而 1 与 4、2 与 6 接通,则融霜加热器 W_1 及盘管加热器 W_2 工作。当冷库温度降低到设定值的下限时,温度开关 TH 断开,使供液电磁阀失电关闭,冷库停止制冷。

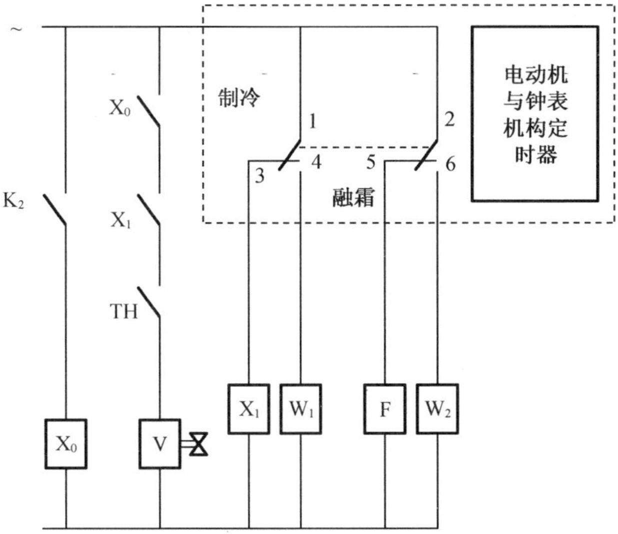

图 4-22　冷库温度控制及自动融霜电路图

任务四　船舶辅助锅炉燃烧控制

船舶辅助锅炉是船舶动力装置中的一个重要设备,也是一个较复杂的大系统。在蒸汽动力装置中,船用锅炉称为主锅炉,内燃动力装置中所使用的锅炉称为辅锅炉。油轮辅锅炉所产生的蒸汽要加热货油、驱动甲板机械,其蒸发量和蒸汽压力都比较大。货船辅锅炉所产生的蒸汽仅用于加热柴油机所需的燃油、滑油及供船员生活用(一般小于 5 t/h),气压一般低于 1 MPa。锅炉电气控制的内容包括水位高度双位控制、蒸汽压力控制、燃烧时序控制以及安全保护报警等内容。

一、锅炉水位控制

实现水位双位控制的方法有很多种,如采用磁性水位开关、压力式水位继电器等。所谓双位水位控制是指锅炉的水位允许上下限之间波动。当水位降到下限水位时,自动启动给水泵向锅炉供水,锅炉水位逐渐升高;当水位到达上限水位时,自动停止给水泵工作,停止给锅炉供水,因此锅炉在工作时,水位不会稳定在某一水位上。这种双位控制的水位检测元件常采用浮子式和电极式。电极式水位反映了锅炉的实际水位。由于炉水中含有一定盐分,因此是导电的,适用电极式水位检测元件。电极室中的两个电极分别控制允许的上下限水位,另一根电极用于危险低水位报警。线路中有由两个二极管组成的桥式整流电路。一般来说，在允许波动的范围内，高低水位电极之间的距离不要调得太小，否则给水泵电动机启停频繁会影响使用寿命。如果给水系统发生故障，水位会一直降低，当水位下降到危险电极露出水面时，继电器断电接通其他线路发出声光报警。

一般辅锅炉都装有两个电极室，一个工作，另一个备用。电极室由于长期使用，电极及电极室壳体会结水垢，使电极室的导电性能降低，因此电极室要定期放水和清洗。

在实际锅炉运行期间还应注意在锅炉蒸发量突然变化时，电极室内的水位与锅炉实际水位一致的问题。当锅炉水受热面上不断形成气泡，并脱离受热面升起而进入锅炉的蒸汽空间时，会使水位产生虚假上升现象；反之，当锅炉负荷减少时，水位却会虚假地下降，即产生假水位现象。鉴于这一原因，在质量要求较高的水位控制中，水位控制输入信号除了包括水位变化信号外，还须考虑蒸汽流量变化的信号，并将其作为修正量。在控制时，改变给水调节阀的开度实际上是改变调节阀的流通面积。给水调节阀的流量在调节阀前后压差 ΔP 一定的条件下，阀的开度（即阀流通面积）才与流量成正比；当阀前后压差改变时，控制就不一定正确，为此还应有其他控制回路来保证压差 ΔP 恒定。

二、锅炉的蒸汽压力双位控制

在绝大多数燃烧蒸汽压力双位控制中，蒸汽管路上会装两个压力检测开关，它们的动作整定值不同，当气压下降到允许下限值时，两个压力检测开关都闭合，控制系统自动启动，风门电动机开得很大，其同轴回油阀关到最小（这是采用一个喷油嘴工作的情况，对于采用两个喷油嘴工作的锅炉，需打开两个供油电磁阀，使两个喷油嘴同时喷油），这时喷油量和送风量都最大，即锅炉进行所谓“高火燃烧”。当气压上升到正常上限值时，一个压力开关闭合，另一个压力开关断开。再次启动风门电动机把风门关到最小，其同轴回油阀开到最大（或关掉一个燃油电磁阀，只使一个喷油嘴工作），这时喷油量和送风量都是最小的，即锅炉进行所谓“低火燃烧”。当锅炉上升到高压保护值时，两个压力开关均断开，自动停炉，发出报警信号。当气压下降到下限值时，两个压力开关再次闭合，启动锅炉燃烧程序。

在小型锅炉燃烧蒸汽压力双位控制中，也有用三个压力开关来实现双位控制的。其中一个压力开关利用回差进行压力控制；另一个压力开关用来进行主机废气阀关闭、开启控制；最后一个压力开关用来实现超压报警的保护功能。例如，当蒸汽压力在 0.4 ~ 0.46 MPa 时，锅炉处于压力正常范围。设定压力开关 KP_1 整定在 0.46 MPa 时断开，而压力回复到 0.4 MPa时，又进行闭合；当压力超过 0.49 MPa 时，使 KP_3 压力开关动作切断主机废气至锅炉的通路，停止主机废气向锅炉提供热能；当蒸汽压力因故仍继续上升至 0.51 MPa 时，KP_2 动作接通报警回路，发出声光报警。

三、锅炉燃烧电气控制原理图

图 4 – 23 所示为一个辅助锅炉的电气控制线路图。该辅助锅炉可燃烧轻、重柴油，同时

也可用主机废气余热进行加热，它属于燃油废气辅助锅炉。其控制线路简单，但却具备了各个控制环节和各种检测元件。

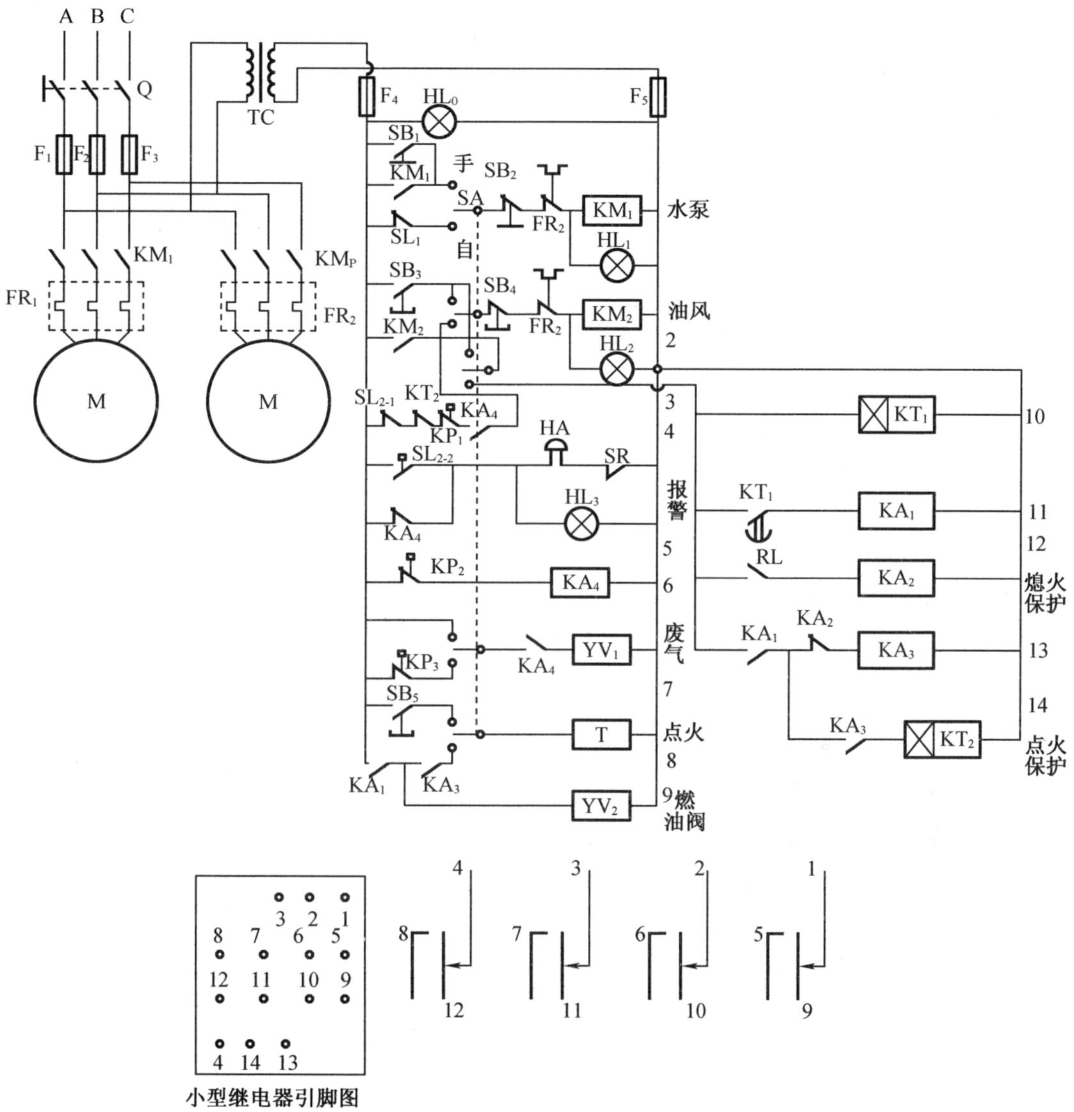

图 4－23　船舶锅炉燃烧电气控制线路图

1. 手动控制

合上电路开关 Q，操作转换开关 SA 转到“手动”挡位置。进行操作时，先按下水泵电动机启动按钮 SB_1，水泵启动，向锅炉注水。达到正常水位后，按下油泵—风机启动按钮 SB_3，油泵—风机启动进行扫气，经一定时间后，按下点火按钮 SB_5，手动打开燃油电磁阀 YV_2 的旁通阀，向炉膛喷油，电点火时间要控制在 4～5 s，如果点不着火，应停止点火并关闭燃油阀。

在手动控制时，如果水位过低，即 SL_{2-2} 闭合，或蒸汽压力超压时，KP_2 动作（断开），KA_4 失电，接通报警电路并关闭废气阀 YV_1。

2. 自动控制

操作转换开关 SA 转到“自动”位置。如果锅炉水位正常，水位继电器触头 SL_1(1) 闭合（括号内的数字代表元件处在哪一条电气支路上），该触头在最高水位时才断开；SL_{2-1}(4) 正常水位时闭合，低水位时断电；SL_{2-2}(5) 到达危险水位以下时闭合。压力继电器开关触头 KP_1(4)、KP_2(6)、KP_3(7) 是闭合的，所以中间继电器 KA_4(6) 线圈通电，其触头 KA_4(4) 和 KA_4(7) 闭合。KA_4(7) 闭合使废气电磁阀 YV_1(7) 通电打开主机废气阀。

正常压力范围为 0.4～0.46 MPa。KP_1(4) 压力在 0.46 MPa 时断开，即切断 KM_2 线圈，使油、风机电路断电，压力回复到 0.4 MPa 时再次闭合。压力超过 0.49 MPa 时，KP_3(7) 断开，切断主机废气加热阀 YV_1(7) 电路，停止主机废气加热。压力在 0.51 MPa 时，KP_2(6) 动作（断开），KA_4(6) 线圈断电，使支路 HA(5) 和 HL_3 通电报警及指示，同时切断废气阀电路和风、油机电路。SR(5) 是警铃消声按钮，它平时是闭合的，警铃声响后，为消声可人工切断。图 4－23 下面的小型继电器引脚图有助于故障寻找。

废气进入锅炉，KA_4(4) 闭合使油泵－风机接触器 KM_2(2) 线圈通电，油泵和风机电动机启动运行，同时时间继电器 KT_1(10) 线圈通电，延时（10 s）闭合其触点 KT_1(11)。在此期间，鼓风机向炉膛鼓风，进行预扫气以防止锅炉内残存的油气在点火时发生“冷爆”，预扫风的时间根据锅炉的结构形式不同而异，一般可达 10～60 s。扫气结束，中间继电器 KA_1(11) 线圈通电，其触头 KA_1(8) 和 KA_1(13) 闭合。KA_1(8) 闭合使燃油电磁阀 YV_2(9) 通电打开，燃油经喷油器喷入炉膛；KA_1(13) 闭合，使 KA_3(13) 线圈通电，其触头 KA_3(8) 闭合，点火变压器 T 通电，进行点火；KA_3(14) 闭合，温度继电器 KT_2(14) 发热元件通电，开始点火计时（5 s）在此期间，如点火成功，光敏电阻 R 感光后（图 4－24）阻值降低，使 RL 继电器动作，12 支路触头触头闭合，中间继电器 KA_2(12) 通电，触头 KA_2(13) 断开，使 KA_3(13) 线圈断电，触头 KA_3(8) 打开，切断点火变压器 T 电源，点火停止。至此锅炉自动启动过程结束，锅炉进入正常燃烧。

在点火计时（5 s）期间，如点火失败，则光敏电阻暗电阻较大。KA_2(12) 线圈不通电，KA_3(13) 线圈一直通电，待温度继电器通电 5 s 后将其触头 KT_2(4) 断开，油泵－风机接触器 KM_2(2) 线圈通电，油泵风机电动机停转，待故障查明并排除后，温度继电器手动复位后才能再次自动启动。

在图 4－23 中，水位、气压超压炉膛熄火等安全保护环节在图中已标明，所以不再详述。为了便于理解系统燃烧的全过程故作简易程序框图（图 4－25），以加深理解其控制过程。

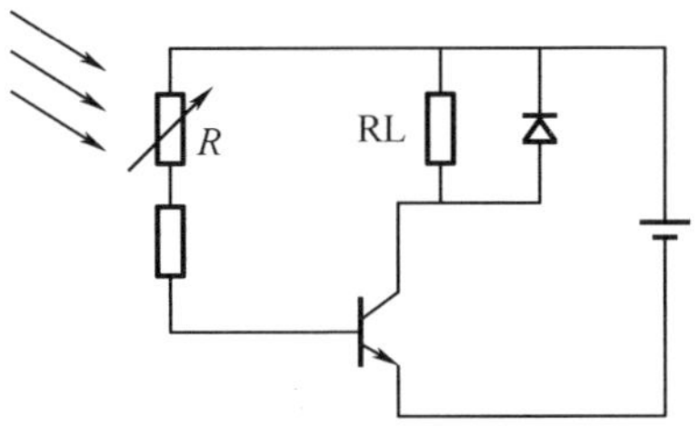

图 4-24　火焰感受器原理图

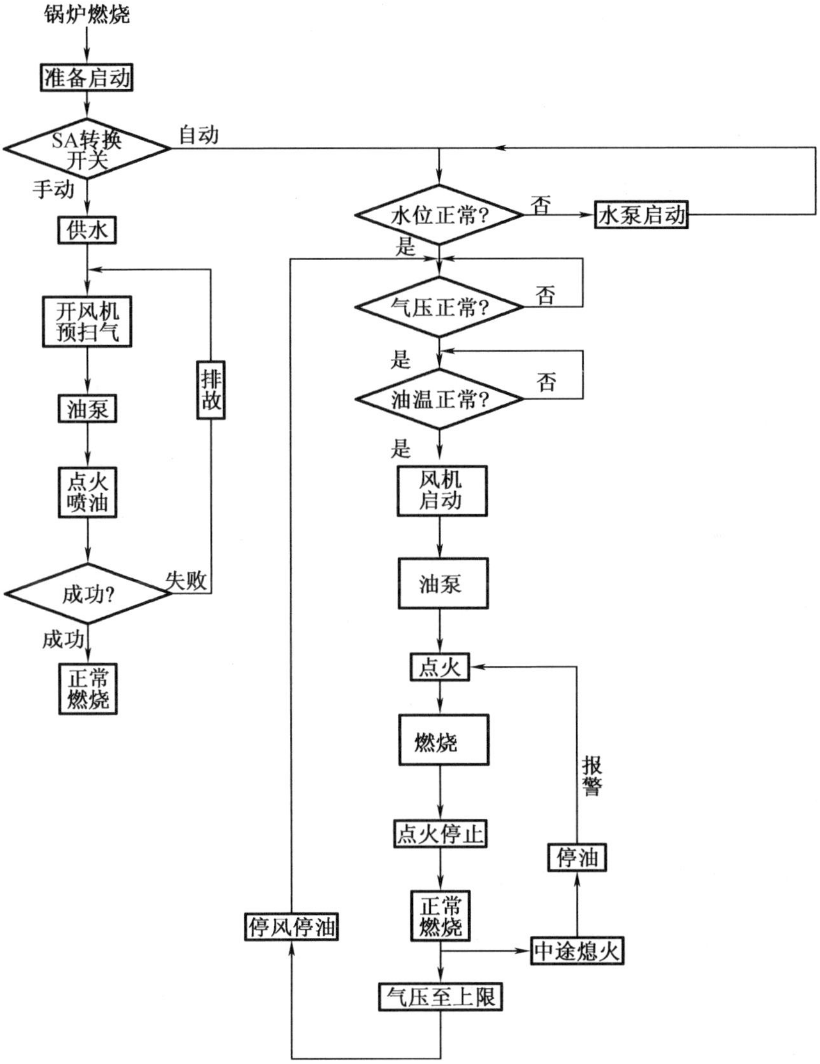

图 4-25　锅炉燃烧控制程序框图

四、辅助锅炉燃烧控制中的其他元件

1. 火焰感受器

火焰感受器用于监视炉膛内有无火焰。当锅炉点火失败或在持续燃烧期间熄火时，为了避免在向炉内喷油时引起事故，要求立即关闭燃油电磁阀停止供油，并发出声光报警，因此自动化锅炉都装有火焰感受器来监视炉内的火焰。辅助锅炉上常用的火焰感受器是由光敏电阻、光电池和紫外线灯管等组成的。

近年来光电池的应用越来越多。光电池是一种半导体材料，依靠光照射后两电极间产生电压的原理工作，采用光电池元件点火接受光照后可以产生一个微小的电压，经晶体管放大后使继电器通电动作。

光电池光谱敏感范围仅限于可见光，也有用光敏电阻做成的火焰感受器，其原理如图4－24 所示，其中 RL 为继电器。

2. 压力比例调节器

在以上控制中没有考虑油量与风量的比例关系，但在实际中常采用特定的装置来实现，这种装置即压力比例调节器。图4－26 为压力比例调节器原理图。图4－26(a)所示为当锅炉蒸汽压力偏离额定控制气压时，通过波纹管3 使平衡杆 1 发生偏转，带动画针 2 摆动，改变画针在发送电位器4 上的接触头位置，从而把蒸汽压力信号按比例转变成电信号输出。电动比例操作器是一个微型伺服机构，它的动力来自一个可逆电动机 M，如图4－26(b)(c)所示，其转动和停止由压力比例调节器控制。在可逆电动机带动的输出轴上装有凸轮 6，当输出轴 5 转动时，凸轮顶动曲臂 7，使指针 8 在反馈电位器 9 上滑动以达到电动追随目的。压力比例调节器的发送电位器和电动比例操作器的反馈电位器组成一个电桥电路，如图4－26 (c)所示。电动比例操作器控制油门开度(回油阀)及风门开度。

当锅炉蒸汽压力稳定时，两电位器的滑动触头位置对称，电桥处于平衡状态，即 $R_1 \cdot R_4 = R_2 \cdot R_3$，两滑动触头间电位差 $V=0$，无信号输出，可逆电动机 M 不动，由其控制的回油阀和风门挡板处在某一位置上。

五、可编程序控制器(PLC)的实现

船舶锅炉燃烧 PLC 实现硬件图及梯形图如图4－27 所示。控制的输入、输出连接图如图4－27(a)所示，操作分自动及手动两挡，是仿照继电系统编写的。在手动运行时，安装有启动、停止及点火按钮。高水位及危险水位保护直接从水位检测中获得。当水位上升到高水位时，水位继电器 J 动作如图4－27(d)所示，切断 J(3－11)在图4－27(a)中的触头。当水位在危险水位以下时，继电器 K 断电。上述两种情况分别使输入、输出连接图4－27(a)中的 X_7、X_{10}输入信号为 0，水泵及油风泵停止工作。自动控制时，图4－27(a)中的 X_7、X_{10}、X_{13}开关是向上的。

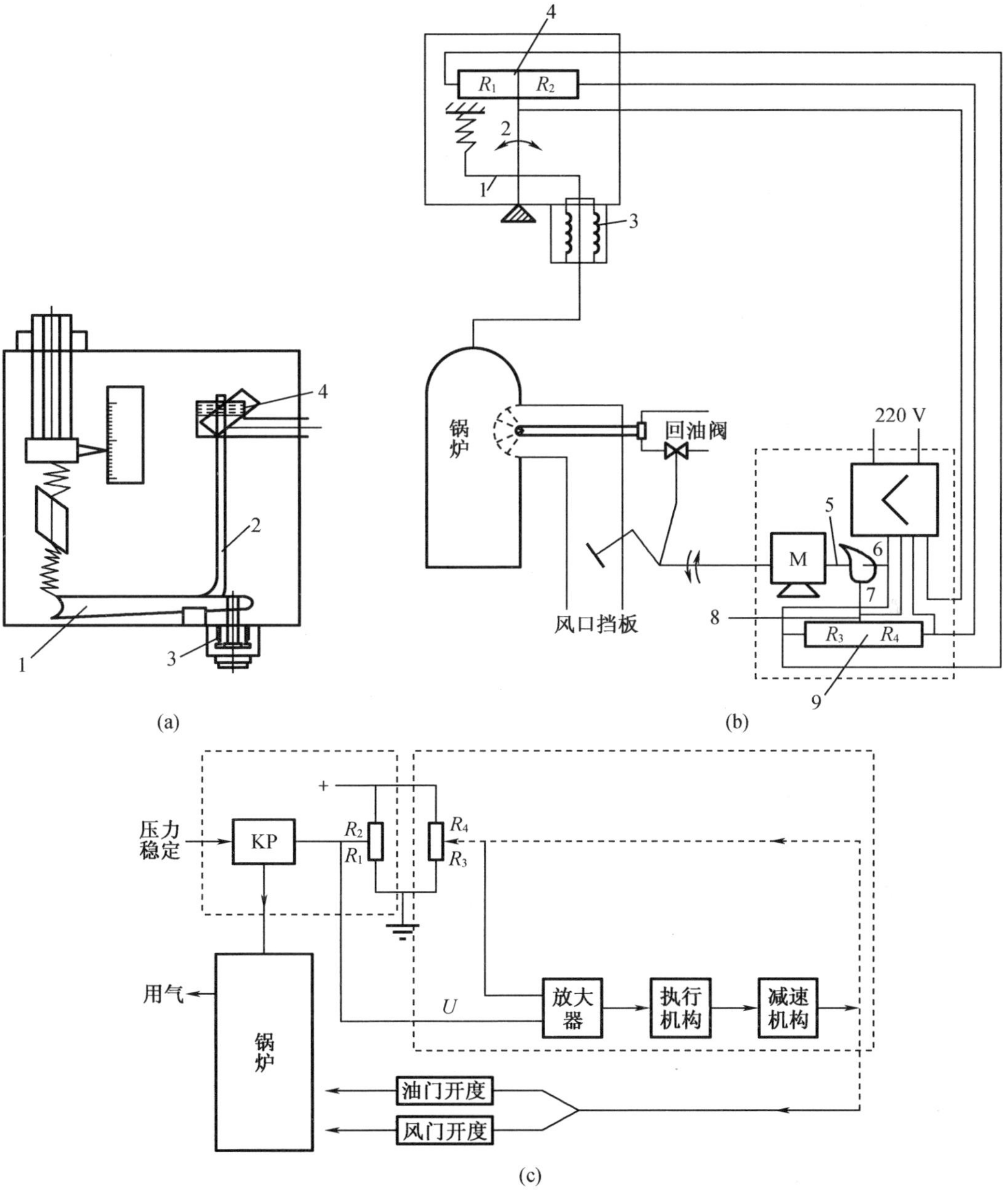

1—平衡杆;2—画针;3—波纹管;4—发送电位器;5—输出轴;6—凸轮;7—曲臂;8—指针;9—反馈电位器。

图 4-26　压力比例调节器原理图

图 4-27(a)中 RL 触头动作与火焰检测器线路有关。当锅炉点火时,火焰检测器动作,接通 RL 继电器线圈,使图 4-27(a)中的 X_{13}得到信号。

图 4-27 中的输出部分 Y_0、Y_1、Y_2、Y_3、Y_4、Y_5 分别控制锅炉供水水泵接触器 KM_1、油泵风门接触器 KM_2 与 F,报警元件蜂鸣器开启废气阀 YV_1、点火继电器 T 及燃油阀 YV_2。

梯形图是按照继电控制系统设计的,程序软件编制直接按梯形图进行。

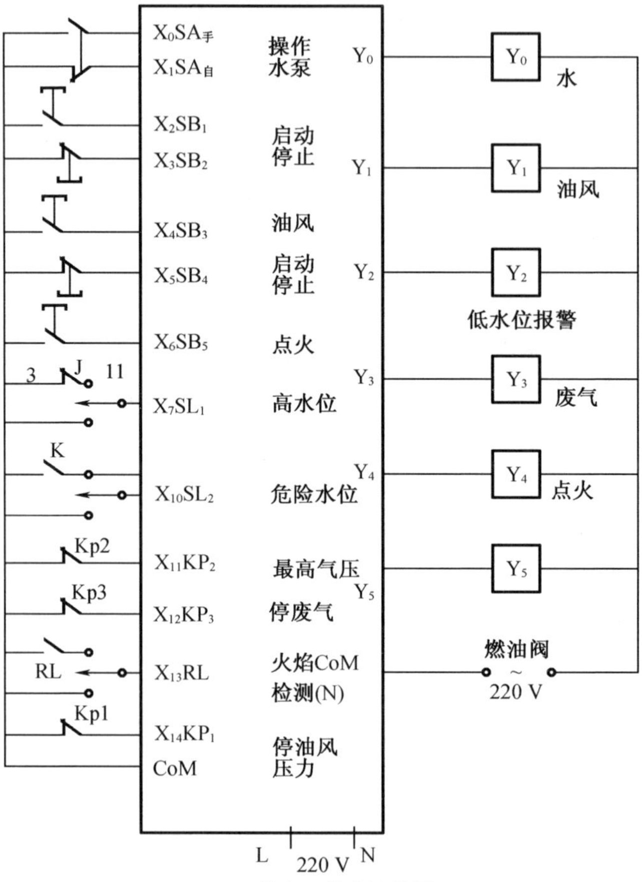

(a)输入、输出连接图

图 4-27 船舶锅炉燃烧 PLC 原理图

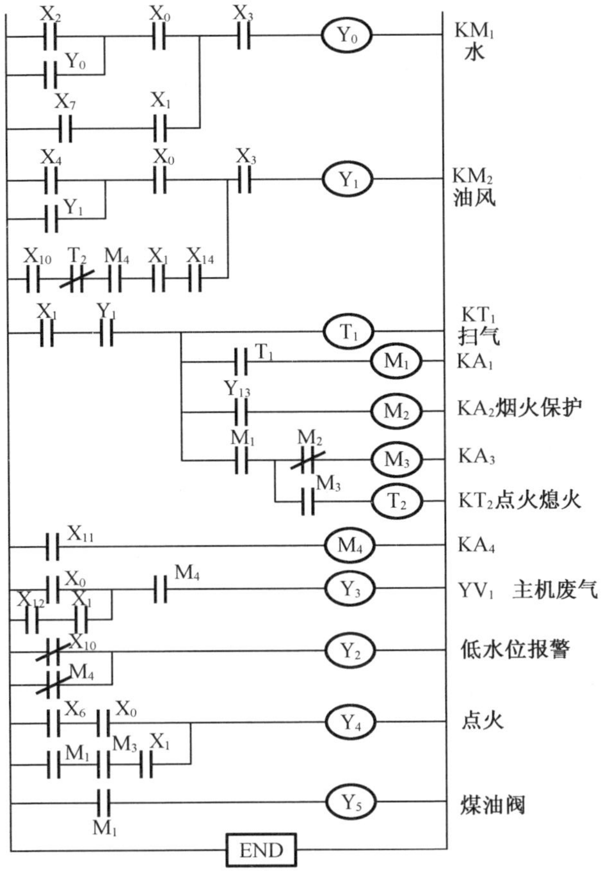

(b)梯形图

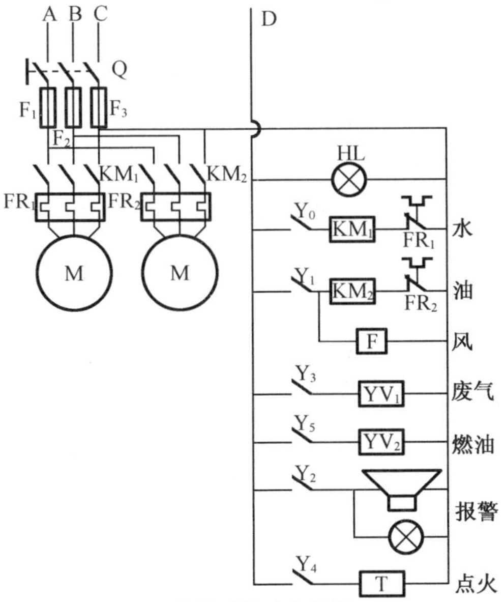

(c)燃烧系统功率控制

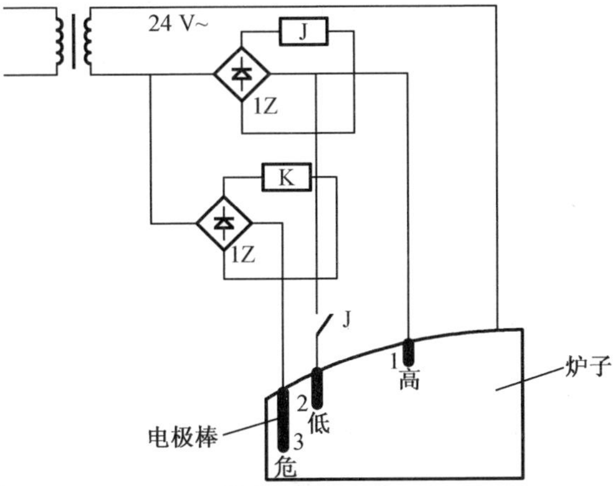

(d)水位检测

图 4－27(续)

任务五　船舶油污水处理电气控制

一、船舶油污水

船舶正常营运过程中，机舱内的燃油系统、滑油系统以及机器设备总要有一定的漏泄。漏出的油汇集流入机舱污水井内，与积存在这里的水混合形成油性机舱底污水，简称舱底水。舱底水含油量变化范围很大，受许多因素影响，即使同一艘船，在不同时期、不同航运状态下，其含油量也不一样。据统计，舱底水含油浓度在 2 000 ~ 5 000 mg/L 之间。

舱底水的产生量与船舶吨位、动力装置类型、技术状态、运行管理水平等因素有关，确切数量各船差别很大，舱底水平均每天产生量是船舶总吨数的 0.02% ~0.05%。

不设专用压载舱的油船，为保证船舶安全航行，在正常天气下，货油舱加载的压载水量为载重的 24% ~40%，恶劣天气可达 80%，直至满载。

舱底水中的油是船上所用各种燃油的混合物，其成分极为复杂。

二、船舶油污水分离方法

不改变油的化学性质，将水中的油分离出来的方法包括重力分离法、离心分离法、过滤分离法、吸附分离法、气浮分离法等；此外用凝集法、电解法等化学方法也可将水中的油分离出来；乳化油可用活性污泥法分离，在此主要叙述其中几种方法。

1. 重力分离法

重力分离法是利用油和水的容重差，使水中油滴克服水流阻力上浮，从而与水分离。

用重力分离法能否在较短时间内将油水分离，取决于油粒上浮速度，而影响上浮速度的主要因素是油粒径及油、水密度；另外由于水的黏滞系数、油和水的密度都随温度而发生较大变化，因此温度对上浮速度也有直接影响。

2. 离心分离法

离心分离法是利用高速旋转运动产生的离心力，使密度不同的油水分离。

离心分离法可采用水旋分离，即分离器本体固定不动，而使污水沿切线方向流入分离体，造成旋转运动；也可采用器旋分离，即分离器本体高速旋转，并带动体内污水一起高速旋转。

3. 过滤分离法

过滤分离法是让油污水通过多孔性介质滤料层，使其中的油粒及其他悬浮物被截留，而去除油分的水通过滤层排出。

过滤分离法所用滤料主要有石英砂、卵石、煤屑、焦炭等粒状介质，由棉、麻、毛毡、各种人造纤维和金属丝织成的滤布及特制的陶瓷塑料制品等。这些滤料共同的特点是化学稳定性好，不易溶于水，一般不与污染物质起化学反应，不会产生有害或有毒的新污染物。

任何一种滤料对污染物的过滤能力都有一定限度，随着使用时间的延长，过滤效果会越来越差，当滤料达到饱和后，必须进行反冲洗，使滤料重新具有良好的过滤性能。

4. 气浮分离法

气浮分离法是向污水中不断充入空气，在水中产生大量气泡，使微小油粒在分子力作用下黏附于气泡周围，形成具有浮力的浮体，而这些黏附在气泡上的小油粒克服水的阻力迅速上浮到水表面与水分离。

加压气浮的特点是产生的气泡小、气浮效率高、运行管理简单，但其耗电量大，需要水泵等机械设备，因此这种方法主要应用于炼油厂含油污水的处理及港口压载水、洗舱水的处理。

我国制定了船用油水分离器设计制造生产额定处理量系列标准，当船舶选配油水分离器时，其额定处理量必须是标准系列中给出的某一处理量，否则就选购不到合适的油水分离器。一般根据船舶吨位估算舱底水产生量，所选用的油水分离器额定处理量应大于其舱底水产生量应有 10% 的余量，此外经处理后的排出水中含油量应符合排放标准。

国际海事组织颁布的《1973 年国际防止船舶造成污染公约》及其 1978 年议定书中规定，船舶在距最近陆地 12 海里以内，船舶机舱舱底污水分离装置排出水的含油量应不大于 15 mg/L。

三、重力分离式油水分离器

目前，船舶安装的油水分离器绝大多数都是组合式的，即由粗分离部分和细分离部分组成。

粗分离部分用于第一级分离，主要采用重力分离法处理容易上浮的分散油滴，其中机械重力分离法结构形式有多层斜板式、多层隔板式、细管式及多层波纹板式等。

细分离部分用于第二级和第三级分离，多采用过滤分离法、气浮分离法、吸附分离法等，用以除去油污水中微细分散油滴和乳化油滴。

1. 多层锥形板式油水分离器

多层锥形板式油水分离器是一种常用的重力分离式油水分离器，其结构如图 4－28 所示。圆形分离筒内部分为上下两部分，上部为粗分离室，下部为细分离室。污水泵排出的舱底污水由分离器入口以切向方向流入粗分离室，在筒内缓慢流动，使污水流动路径延长，而且由于离心力作用，不仅增加了油粒相互碰撞的机会，而且使比较轻的油液向分离室中部汇集，促使粗大油粒上浮到顶部集油室。没有分离的油水继续向下流动，流入由许多锥形板组成的细分离室。油水在细分离室内沿锥形板外周经各锥形板之间的空间流向中央集水管。由于油水以极慢的速度流经各锥形的狭窄通道,使微细油粒相互碰撞,上浮聚集在锥形板下表面上,并逐渐凝集成大油粒,当其浮力大于自身所受重力和积滞阻力时,油滴则沿着锥形板下面向外流动,最终脱离锥形板外边缘并上浮,经隔板上的油上升管流入顶部集油室。分离出来的水流入中央集水管,从底部排出口排出;分离出来的油聚集在顶部集油室内,当油位达到一定高度时,排油管上的电磁阀自动打开将油排入废油柜,油排出后电磁阀又自动关闭。电磁阀的动作由油位检测器控制,即当检测器两个电极头都浸在油内时电磁阀打开,而当两个电极都浸在水中时电磁阀关闭。

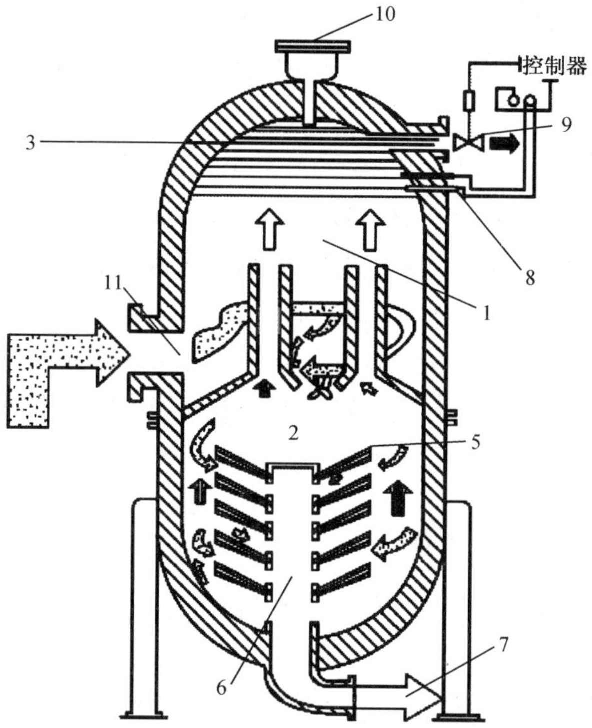

1—粗分离室;2—细分离室;3—集油室;4—油上升管;5—锥形板;6—中央集水管;7—排水管;8—油位检测电极;9—排油电磁阀;10—放气阀;11—进水口。

图 4-28　多层锥形板式油水分离器结构

分离器顶部装有自动放气阀,可放掉随舱底水带入分离器并聚集在顶部的多余空气,以防液位过分降低,使分离器下部污损影响分离效果。

2. 分离器自动控制系统工作原理

油水分离器的自动控制主要包括专用舱底水泵的安全保护自动启停,加热温度自动控制,污油排放自动控制,舷外排出阀开、闭自动控制。现以典型油水分离器为例介绍其自动控制系统工作原理。

(1)油水分离器舱底水泵自动启动

常用的某一类型油水分离器专用水泵是电动单螺杆泵，这种泵空转时间过长会烧坏橡胶衬套接触面，因此当空吸(舱底水抽干)或进口滤器堵塞时泵应停止运转，其控制电路如图4－29所示。检测元件是电接触或压力真空表YX，指示真空度的动指针1点随吸入管内真空度的变化而转动，当污水井液位过低、吸口露出水面(即出现空吸现象)时，吸入管中真空度开始下降，动指针向低真空度方向转动；当与低真空度定指针3点接触时(调定值在30～50 mmHg之间)，继电器D_0通电，常闭触点D_0断开，继电器C_0断电，常开触电C_0断开，电机停止运转。

吸入滤器堵塞时，吸入管中真空度将增加，动指针向高真空度方向转动，当与高真空度定指针2点接触时(调定值在350～400 mmHg之间)，同样使继电器D_0通电，电机停止运转。人工操作时，泵的启动按钮为AQ，停止按钮为TQ，K_2为手动合闸开关。

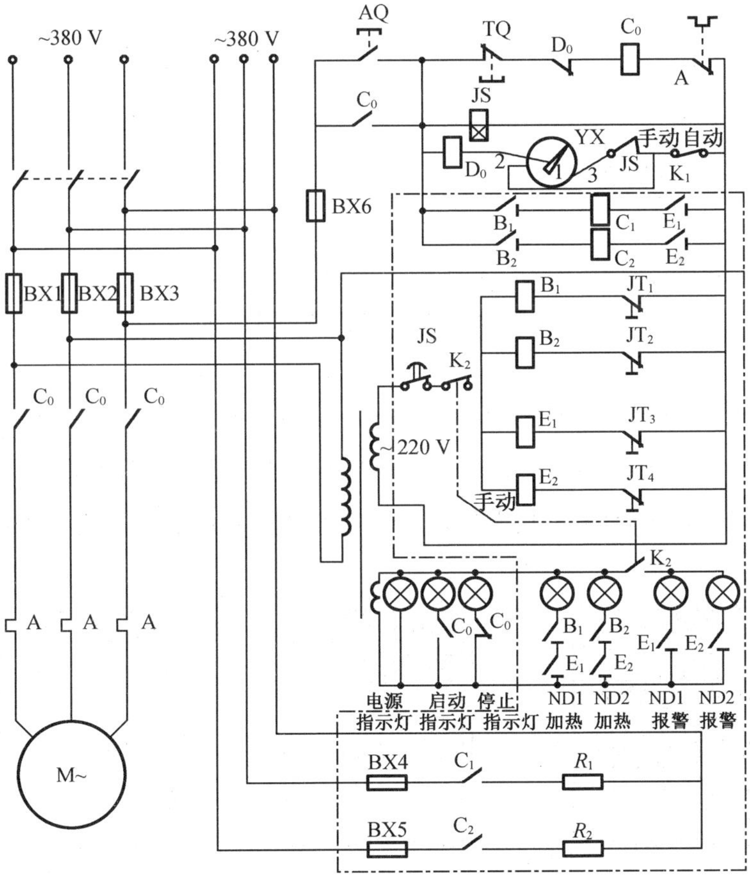

图4－29　油水分离器舱底水泵自动启停控制系统

(2)自动排油控制

油水分离器自动排油控制方式为电极式,其液位检测器是利用油、水导电率不同的原理测出油层厚度,发出信号,控制排油阀的。目前,这种形式使用最多,排油阀分为电磁阀和气动阀两种。

图4-30所示是一典型自动排油控制装置系统,在分离筒顶部集油室内装两只液位检测电极,上部电极称上限液位检测器,下部电极称下限液位检测器。

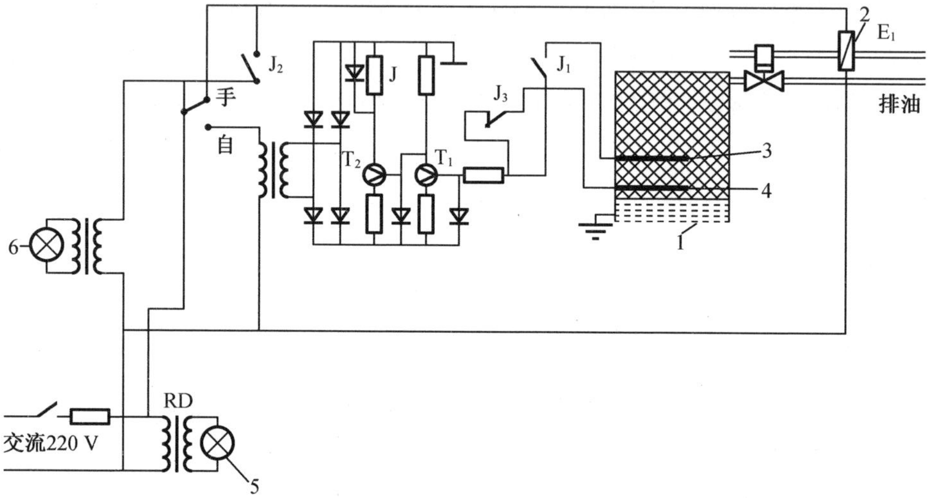

1—集油室;2—电磁阀;3,4—上、下液位检测电极;5—电源指示灯;6—排油指示灯。

图4-30　自动排油控制装置系统

当上、下电极全部浸在油中,如图4-31(a)所示时,由于油的导电率很小,两只电极均与壳体断路,则图4-30中的晶体管 T_1 截止,T_2 饱和导通,继电器J通电,常闭触头 J_3 断开,常开触点 J_2 闭合,电磁阀 E_1 通电打开,气动隔膜阀在压缩空气推动下开启,集油室内的油排出。

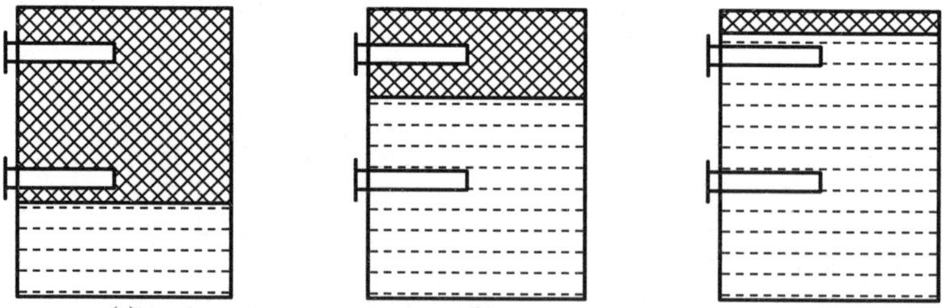

图4-31　自动排油工作状态

随着油不断排出，油层减薄，水位升高，下电极首先浸入水中，而当上电极仍浸在油中时，如图 4－31(a)所示，虽然下电极与壳体处于短路状态，但因为水具有导电性，常闭触点 J_3 已断开，下电极与晶体管控制电路脱开，只有上电极与控制电路相接，但上电极仍在油中，因此这时图 4－30 中的晶体管 T_1 仍截止，T_2 仍然处于导通状态，排油阀继续打开进行排油。当水位上升到如图 4－30(c)所示的状态时，两电极全部浸在水中，上电极与壳体短路，则图 4－30 中的晶体管 T_1 导通，T_2 截止，继电器 J 断电，触头 J_2 断开，电磁阀 E_1 也断电，气动排油阀关闭，停止排油，J_1 断开，J_0 闭合。

油水分离器连续运转，不断将水中的油分离出来，集油室内油层逐渐增厚，但仅有上电极浸在油中而下电极仍浸在水中，如图 4－31 (b)所示的状态，这时因常闭触点 J_3 已闭合，所以由于下电极与接地点短路，晶体管 T_1 导通，T_2 截止，继电器 J 不通电，电磁阀 E_1 不动作，气动排油阀不能开启，不排油。只有下电极也浸在油中，即油层厚度达到如图 4－31(a)所示的位置时，又重复进行上述过程。

由上述工作过程可知，开始排油时间由下电极控制，停止排油时间由上电极控制。在油位变化速度相等的条件下，排油时间和间隔时间由两电极安装位置决定。一般自动排油系统有两套，分别安置在左右两侧。

(3)加热温度自动控制

为了保证高黏度污油顺利排出和提高分离效果，一般在集油室装有加热器，但加热温度不能过高，通常控制在 35～45 ℃之间。温度继电器的温包装在集油室中，温度升高到 45 ℃时，图 4－29 中的温度继电器触点 JT_1、JT_2 断开，中间继电器 B_1、B_2 断电，触点 B_1、B_2 断开，使接触器 C_1、C_2 和加热器 R_1、R_2 也断电，停止加热。温度下降低于 35 ℃时，温度继电器触点又闭合，中间继电器 B_1、B_2 又通电，触点 B_1、B_2 闭合，加热器 R_1、R_2 又通电开始加热。如果温度升高到 45 ℃继电器仍不动作，继续加热温度达到 55 ℃时，保护继电器 JT_3、JT_4 动作，通过中间继电器 E_1、E_2 使加热器断电，停止加热并报警、指示。图 4－29 中时间继电器 JS 的启动视电机启动情况、加热时间，自动停止。

3. 影响油水分离器工作性能的因素

油水分离器工作性能在实际使用中受到许多因素影响，同样一台油水分离器在不同情况下使用，其工作性能相差很大。有时油水分离效果根本达不到要求，主要影响因素有下列几个方面。

(1)泵的影响

污水中油的微粒化、乳化程度越高，油水分离器性能越差，因此污水通过泵时应尽量不产生乳化、搅拌或节流。

(2)工作压力的影响

油水分离器工作压力对分离性能有显著影响，工作压力提高，泵排出压力就要相应提高，则污水通过泵输送时严重乳化，分离性能下降，排水含油量显著上升。

(3)油种类的影响

油的密度越小越容易分离，但也容易乳化，而且乳化对分离性能影响更大，因此密度小的油反而更难分离。

(4)温度的影响

若含油污水温度升高、容重差增加、黏度降低，则油粒上升速度变快，但温度升高后导致污水通过泵时乳化严重，反而使分离性能下降，因此综合起来其影响不大。如果污水低温通过泵，则高温下分离可取得良好的分离效果，特别是陆用大型静止分离池，提高温度是提高分离效果的有效方法。对于一般船用油水分离器温度的影响与其他因素相比是比较小的。

(5)污水中含油量的影响

污水中油分浓度高，乳化程度会加重，使分离效率下降。此外，还有其他影响因素，此处不做详述。

任务六　船内指令

船舶操纵信号设备是驾驶员对船舶进行操纵和指挥的重要装置，通过这些设备可以下达各种操纵命令、了解命令的执行情况和各种航行机械装置的运行情况。目前，船舶操纵信号设备主要包括电气传令钟、舵角指示器和主机转速表等。

一、电气传令钟

电气传令钟又叫电车钟，用于驾驶室与机舱间传递改变主机运转情况的命令，常用的有灯光传令钟和利用自整角机同步传动原理的交流电动传令钟。

1. 灯光传令钟

灯光传令钟由发送器和接收器组成。发送器是一个电源转换开关，用来接通信号指示灯电源，它安装在驾驶室车钟台内；接收器是一个装有彼此隔开的指示灯组，用来指示发送器送来的信号，它安装在机舱操机部位。图 4－32 所示为 EG15－242 型灯光传令钟原理线路图，它由驾驶室传令钟、机舱传令钟、正倒车错方向报警装置等组成。

接通电源后，传令钟手柄处于中间“停车”位置，其转换开关 SA_1、SA_2 的触头相应接通对方的指示灯电源，使“停车”指示灯 HL_6 和 HL_6' 均点亮，同时继电器 KA_2 也接通电源而动作，其触头断开信号装置的电源，因此不发出音响和灯光信号，驾驶室指令钟的指示灯 HL_6 的亮度可用电位器 R_P 调节。

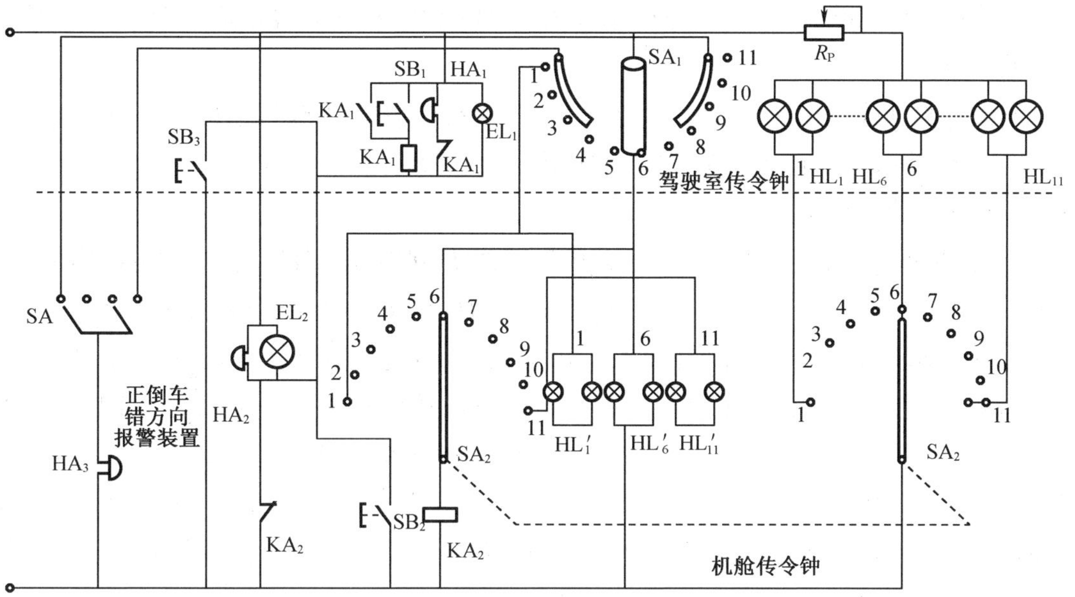

图 4－32　EG15－242 型灯光传令钟原理线路图

当驾驶室向机舱发送车速命令时，可扳动驾驶室传令钟的手柄至所需传令位置上，例如，发送“前进四”命令，将驾驶室传令手柄扳至“前进四”位置，此时驾驶室传令钟转换开关 SA_1 的触头由原来的位置 6 转换至位置 1 上，切断机舱传令钟“停车”指示灯 HL_6' 的电源，而接通“前进四”指示灯 HL_1' 的电源，指示灯亮，指示传令信号。但此时由于机舱传令钟的手柄仍处于中间“停车”位置，驾驶台的 HL_6 仍然是亮的，而继电器 KA_2 失电，闭合其触头，使得鸣音器 HA_1、HA_2 和信号灯 EL_1、EL_2 的电路接通，发出音响和灯光信号，从而实现传送车速命令的目的。

如果驾驶室要断开音响信号，可按下按钮 SB_1，使继电器 KA_1 通电，断开其触头，断开鸣音器 HA_1 电源，音响停止，但其信号灯 EL_1 仍亮。

在机舱执行了车速命令后，要进行回令，可将机舱传令钟的手柄扳到传令指示灯 HL_1 点亮位置上，此时转换开关 SA_2 上的触头由原位置 6 转到位置 1 上。其触头一个接通继电器 KA_2 的电源，继电器 KA_2 触头断开信号装置电源，音响停止、灯光熄灭；另一个接通驾驶室传令钟的指示灯 HL_1 的电源，使其发亮，表示正确回令。如果机舱回令不正确，继电器 KA_2 仍得不到电源，继续发出声光信号，而驾驶室传令钟指示灯燃亮与传令位置不相符。这种带有指令回令的装置便于驾驶人员凭信号辨别机舱命令是否正确。

当驾驶室传令钟发送“前进”命令时，如果机舱操机人员错操作成后退，这时与操机手柄相连锁的微动开关 SA 将闭合，接通错方向报警信号器 HA_3 的电源，发出音响和灯光信号，表示操作方向错误。

当线路出现故障时,可使用应急按钮 SB_3(在驾驶室)和 SB_2(在机舱)按预定信号进行传令和回令。

驾驶台与机舱各有指示灯(HL)22 个,每一路有 2 个(1 个做备用指示),为使电路简洁,图 4－32 中指示灯电路只画了 3 个,即 HL_1、HL_6、HL_{11}。

2. 交流电动传令钟

目前,船舶上大量使用的是交流电动传令钟,它是利用自整角机同步传动原理制成的。图 4－33 所示是常用的 ED13－J 型交流电动传令钟线路图,共有 13 挡传令挡数,即前进一、二、三、四、五,后退一、二、三、四、五,停车,准备,完毕。电源为交流 127 V,有断电指示报警装置,其可作大、中型船舶主车钟。它是由驾驶室传令钟 ED13－JF、机舱传令钟 ED13－JS 和接线箱 J4－44 等部件组成的,其发送器采用的自整角机为 SN－500 型,接收器采用的自整角机为 BS－500 型。图 4－33 中电铃接触装置 HD 又叫追随装置,其内环是镶有胶木块的铜环,由接收器 BS′带动,外环是具有内凸块的铜环,由发送器 DN′的转子带动,凸块紧压在内环上,静止时凸块紧压在胶木上,触点 1、2 断开时继电器 KA 不动作,信号电路无声、光信号。

当驾驶员下达车速命令时,扳动驾驶室传令钟的手柄至所需车速的挡位上,发送器 DN 的转子相对其定子转过一个角度,导致发送器 DN 和接收器 BS′的三相整步绕组产生的电势失去平衡,在整步绕组中有均衡电流流过,使机舱传令钟的接收器在整步转矩作用下跟随发送器转过同样的角度,又使两机的三相整步绕组产生的电势达到平衡,接收器的转子停止转动,其轴带动的指针指在所需的车速挡上,达到传送车速命令的目的。

同时,机舱传令钟接收器 BS′的转子带动电铃接触装置 HD 的内环转动一个角度,使外环的凸块离开胶木与铜环接触,相当于其触点 1 与 2 闭合,接通接线箱 J4－44 内的继电器 KA 的电源,继电器动作,其触头闭合,接通信号装置的电源,使蜂鸣器 YMD－127J,电铃 YZH－127J 发出音响信号,指示灯 HL 亮,表示已发出车速命令。

值班轮机员执行完车速命令后,扳动机舱传令钟的手柄到指针所指的车速挡位上进行回令。其发送器 DN′转过相应的角度,同样原理,驾驶室传令钟的接收器 BS 也跟随转动同样的角度,只要回令正确,BS 所带动的指针就会与发令时的指针重合。同时发送器 DN′转动,带动电铃接触装置的外环,顺原来内环旋转方向转过相应的角度,只要回令正确,就会使凸块重新与胶木块接触,使继电器 KA 电动释放,切断信号装置的电源,声光信号停止;如果回令不正确,不仅发令时的指针与回令时的指针不重合,而且电铃装置中的凸块也回不到胶木上,这样声、光信号就不能消失。

图 4－33 中 S 为断电指示器,当系统断电时,吊牌自动落下,显示“断电”。

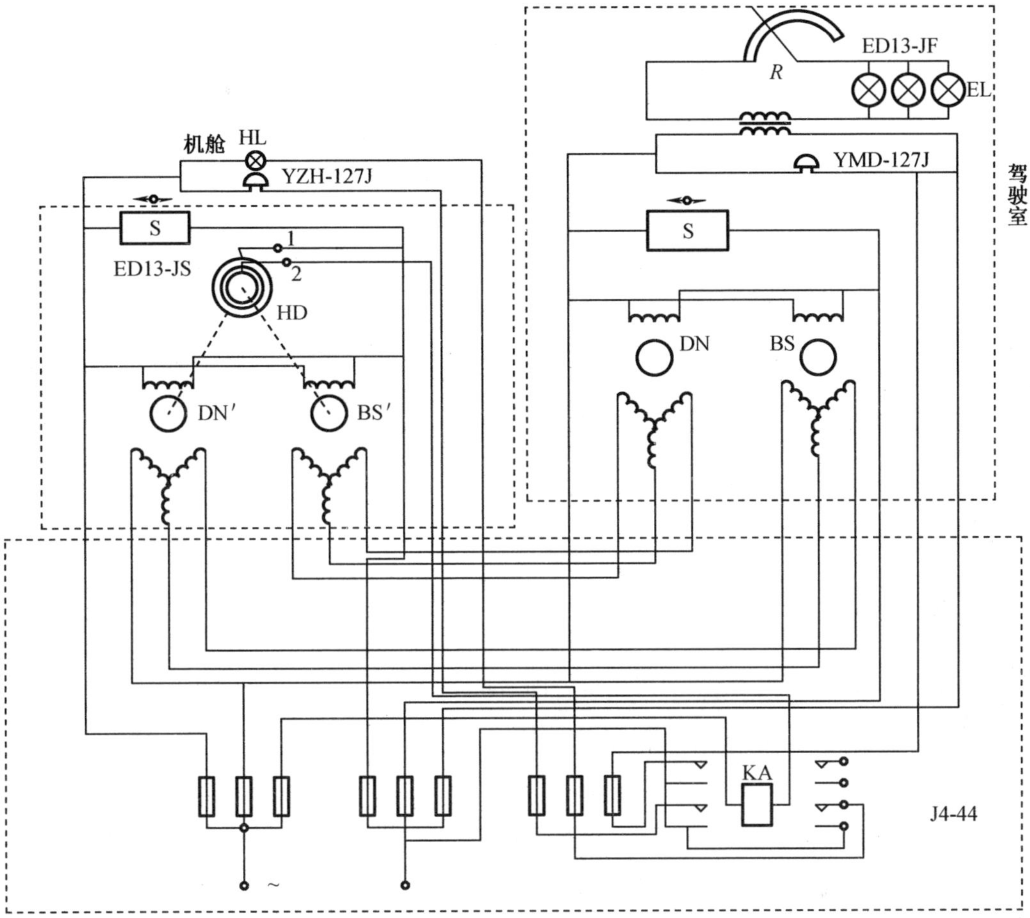

图 4－33　ED13－J 型交流电动传令钟线路图

二、舵角指示器

舵角指示器用来指示舵叶偏转角，一般置于驾驶台和舵机房。常用的舵角指示器有交流电动舵角指示器和电位计式舵角指示器两种。

1. 交流电动舵角指示器

交流电动舵角指示器是由自整角机组成的同步跟踪系统，其原理如图 4－34 所示。舵角发送自整角机安装在舵机上，它的转子与舵柱机械连接。舵角接收自整角机安装在驾驶台和舵机房，其转子带动指针偏转，指针在刻度盘上所指示的角度即表示舵叶偏转的角度。

当舵叶被舵机带动偏转的同时，也带动了舵角发送器的转子偏转，根据自整角机同步传动的原理，舵角接收自整角机的转子因整步力矩作用而偏转相同角度，使其轴带动指针偏转指示偏转角度。

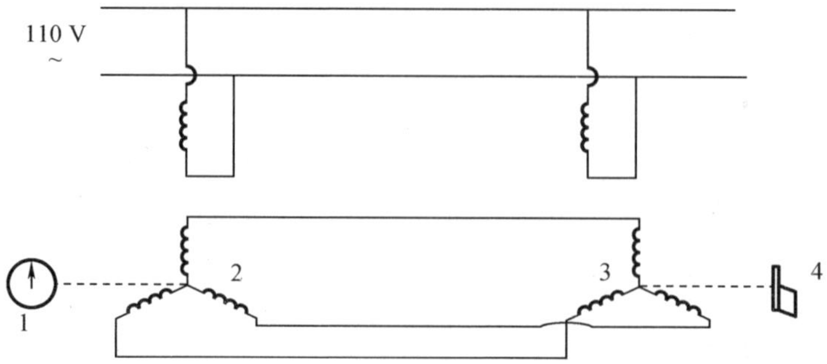

1—舵角指示器刻度盘;2—驾驶房舵角接收器;3—舵机房舵角发送器;4—舵叶。

图 4 - 34　交流电动舵角指示器原理图

2. 电位计式舵角指示器

电位计式舵角指示器如图 4 - 35 所示,当移动臂 D 点被舵叶的传动装置带向左边移动时,D 点电位高于 B 点电位,电流由 D 点经微安表流向 B 点,表的指针偏离中间零位向左偏转;当 D 点被舵叶的传动装置带向右边移动时,B 点电位高于 D 点,电流方向由 B 点流向 D 点,表的指针向右偏转;当 D 点和 B 点重合时,两点电位相同,微安表无电流通过,指针处于中间零位不动。D、B 两点偏离越远,电位差越大,流过微安表的电流增大,指针偏转角度也增大,因此能达到指示舵角和方向的目的,仅需将电流刻度换成角度指针。可变电阻 R 用来调节指针偏转的极限位置(40°),调节方法是按下按钮 SB,调节可变电阻 R,使微安表的指针达到极限位置的刻度,再松开按钮 SB。

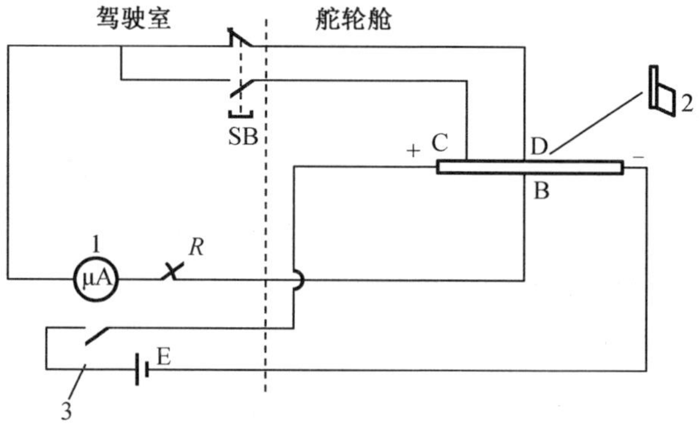

1—舵角指示刻度;2—舵叶;3—电源开关。

图 4 - 35　电位计式舵角指示器

项目五　实 操 训 练

任务一　磁力启动器启动控制线路安装接线

一、实训目的

1. 通过实训，掌握船用三相异步电动机的磁力启动器控制线路。

2. 根据实际元件布置正确绘制电气原理图及布线图，并进行接线，掌握线头及接点的处理工艺。

3. 对实训结果进行分析，对实训中出现的故障进行分析并排除。

二、预习要求

1. 了解常用电工工具的使用方法。

2. 复习接触器、继电器、按钮等器材的工作原理及图形符号。

3. 复习船用三相异步电动机磁力启动器控制线路的一般原理图。

4. 复习船舶电气线路的布线图及接线工艺。

5. 了解船用三相异步电动机磁力启动器控制线路的常见故障及分析方法。

三、实训原理

图 5－1 所示是机舱里使用最多的三相异步电动机的磁力启动器控制电路，它具有短路、过载和失压保护，并能够自锁连续运行的电动机启、停控制电路。

图 5－1 中，QS 是电源隔离开关，平时保持接通。当电动机或电路需要检修时，为安全起见必须断开隔离开关；FU_1 和 FU_2 分别为主电路和控制电路的短路保护熔断器。

按下启动按钮 SB_2，接触器 KM 的电磁线圈电路接通，接触器动作，其常开主触头闭合接通主电路，电动机启动；与此同时，与启动按钮 SB_2 并联的常开辅触头 KM 也闭合，因此当放开按钮后线圈 KM 继续保持通电，使电动机保持连续运行。将这种用自己的触头保持自己的线圈继续通电的作用称为自锁，与启动按钮并联的这个常开触头称为自锁（或自保）触头。当需要停车时，按下停止按钮 SB_1，接触器线圈断电，衔铁释放，各主、辅触头均复原，电动机断电停车。由于自锁触头已断开,所以放开停止按钮也不会自行接通线圈电路,这就是失压保护。可见,这种电路的失压保护环节是由接触器线圈、自锁触头和启动按钮构成的。

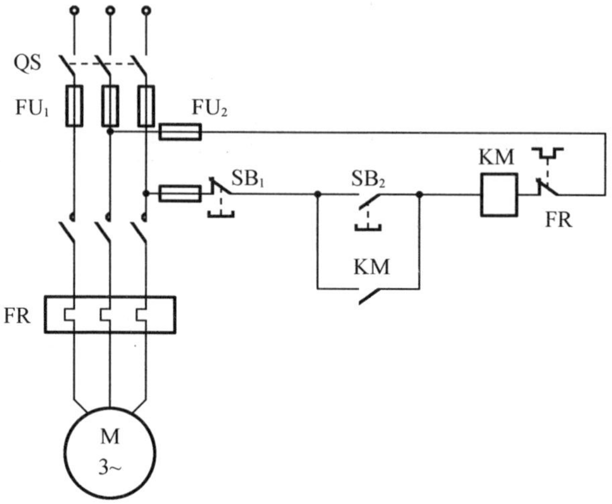

图 5-1　三相异步电动机的磁力启动器控制电路图

当电动机发生持续过载或缺相时,热继电器发热元件动作,将其串联在控制电路中的常闭触头 FR 断开接触器 KM 的线圈电路,接触器释放,使电动机脱离电源。为使热继电器能实现可靠的缺相保护,在三相主电路中至少要在两相中串接热继电器的发热元件,当三根相线中有任一根发生断电时,至少有一个发热元件感测单相电流。排除过载或断相原因后要将常闭触头 FR 手动复位,否则电动机不能重新启动。应注意热继电器动作后不能立即复位,因为双金属片需要一定时间进行冷却复原。

四、实训内容

1. 听取教师介绍实训室情况,讲解实训基本技术及注意事项。
2. 对照电气原理图,检查设备材料是否符合要求。
3. 根据电气原理图绘制电气布线图。
4. 根据绘制的电气布线图进行布线。
5. 自检是否存在故障,进行分析并排除。
6. 经教师认可后进行通电试验。

五、实训器材

万用表、常用电工工具、三相异步电动机、实训板、接触器、继电器、按钮等。

六、实训报告要求

1. 说明船用异步电动机磁力启动器控制线路的工作过程。

2. 分析电动机的各种保护环节。

任务二　互锁控制线路安装接线

一、实训目的

1. 通过实训，掌握互锁控制线路的功能，特别是互锁在控制电路中的作用及接法。

2. 根据实况正确绘制电气原理图及布线图，并进行实际接线，掌握线头及接点的处理工艺。

3. 对实训结果进行分析，对实训中出现的故障进行分析并排除。

二、预习要求

1. 了解常用电工工具的使用方法。

2. 复习接触器、继电器、按钮等器材的工作原理及图形符号。

3. 复习互锁控制线路的一般原理图。

4. 复习船舶电气线路的布线图及接线工艺。

5. 了解互锁控制线路的常见故障及分析方法。

三、实训原理

将三相异步电动机定子电源的任意两相接线对调，电动机就能反转，因此可用两个接触器来完成这一改变相序的任务。图 5－2(a)所示为电动机正反转的启动控制电路，KM_F 为正转接触器，KM_R 为反转接触器。两个接触器的控制电路基本上就是两个单方向自锁连续运行控制电路的组合，其中两个接触器都将自己的一个常闭辅触头相互串入对方的线圈电路中，这是为了保证不发生因两个接触器同时接通其主触头而将电源短路。这种相互将自己的常闭触头串入对方线圈电路的控制称为互锁。当按动正转按钮 SB_F 时，正转接触器 KM_F 自锁通电，电动机正转；与此同时，其常闭互锁触头 KM_F，断开反转接触器线圈电路，这就保证了两个接触器不会同时通电。除这种电气互锁外，还有机械互锁。如图 5－2(b)中的正、反转启动按钮 SB_F、SB_R 均为“一常开一常闭”的双层按钮，相互将按钮的常闭触点串入对方的线圈电路中，当按动按钮时，其常开触点接通的同时常闭触点断开，因此即便同时按下两个按钮也不会使两个线圈同时通电。另一种是在两接触器的衔铁之间用一跷跷板式杠杆进行机械互锁,一个衔铁吸合将杠杆一端压下,另一端跷起会阻止另一衔铁吸合。

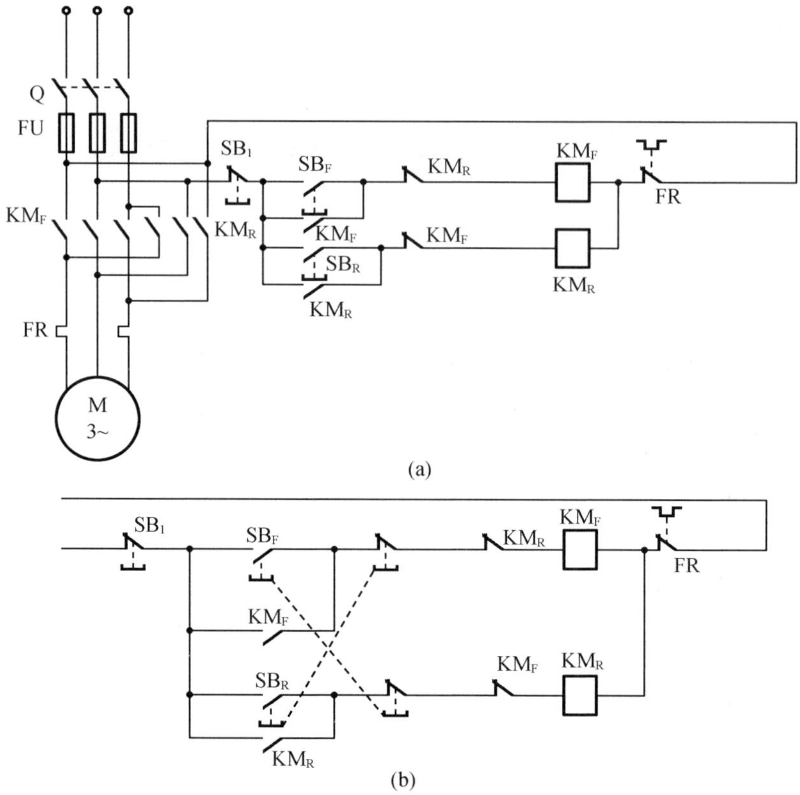

图 5-2　三相异步电动机的正反转互锁控制

四、实训内容

1. 听取教师介绍实训室情况,讲解实训基本技术及注意事项。
2. 对照电气原理图,检查设备材料是否符合要求。
3. 根据电气原理图绘制电气布线图。
4. 根据绘制的电气布线图进行布线。
5. 自检是否存在故障,进行分析并排除。
6. 经教师认可后进行通电试验。

五、实训器材

万用表、常用电工工具、三相异步电动机、实训板、接触器、继电器、按钮等。

六、实训报告要求

1. 说明互锁控制线路的工作过程。

2. 分析电动机的各种保护环节。

任务三　行程控制线路安装接线

一、实训目的

1. 通过实训，掌握行程控制线路的功能。

2. 根据实况正确绘制电气原理图及布线图，并进行实际接线，掌握线头及接点的处理工艺。

3. 对实训结果进行分析，对实训中出现的故障进行分析并排除。

二、预习要求

1. 了解常用电工工具的使用方法。

2. 复习接触器、继电器、按钮等器材的工作原理及图形符号。

3. 复习行程控制线路的工作过程。

4. 复习船舶电气线路的布线图及接线工艺。

5. 了解行程控制线路的常见故障及分析方法。

三、实训原理

图 5 -3 所示为行程控制线路。工作台在原位时，其上挡块将原位行程开关 ST_a 压下，将串接在反转控制电路中的常闭触点压开，这时电动机不能反转。按下正转启动按钮 SB_F，电动机正转，带动工作台前进。当工作台到达终点时（如这时机床加工完毕），挡块压下终点行程开关 ST_b，将串接在正转控制电路中的常闭触点 ST_b 压开，电动机停止正转；与此同时，将反转控制电路中的常开触点 ST_b 压合，电动机反转，带动工作台后退。退到原位，挡块压下 ST_a，将串接在反转控制电路中的常闭触点 ST_a 压开，于是电动机在原位停止。

如果工作台在前进中按下反转启动按钮 SB_R，工作台立即后退，到原位停止。

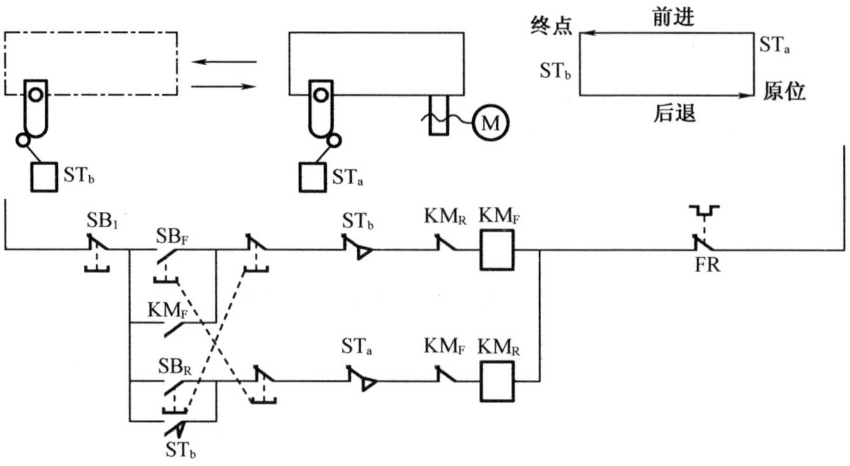

图 5－3　行程控制线路图

图 5－4 所示为自动往返行程控制线路，其工作过程如下：先合上电源开关 QS，要求工作台先向左再往返运动。

四、实训内容

1. 听取教师介绍实训室情况，讲解实训基本技术及注意事项。
2. 对照电气原理图，检查设备材料是否符合要求。
3. 根据电气原理图绘制电气布线图。
4. 根据绘制的电气布线图进行布线。
5. 自检是否存在故障，进行分析并排除。
6. 经教师认可后进行通电试验。

五、实训器材

万用表、常用电工工具、三相异步电动机、实训板、接触器、继电器、按钮等。

六、实训报告要求

1. 说明行程控制线路的工作过程。
2. 分析电动机各种保护环节。

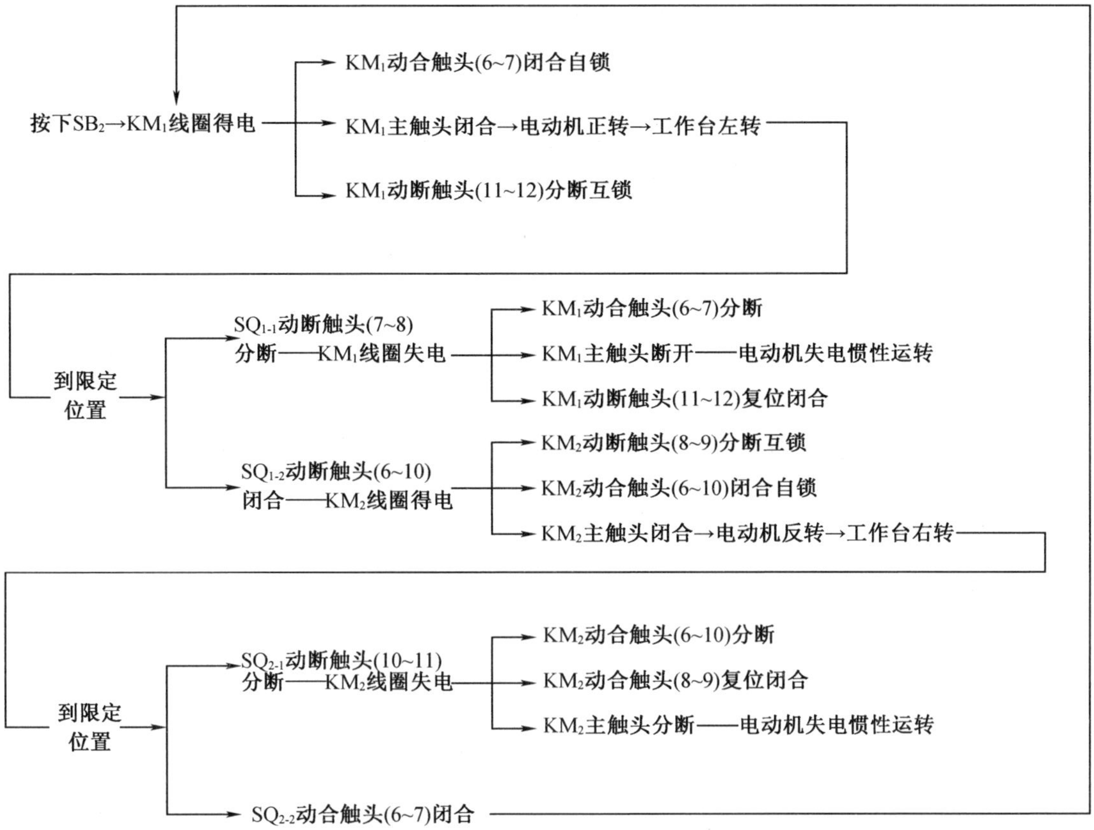

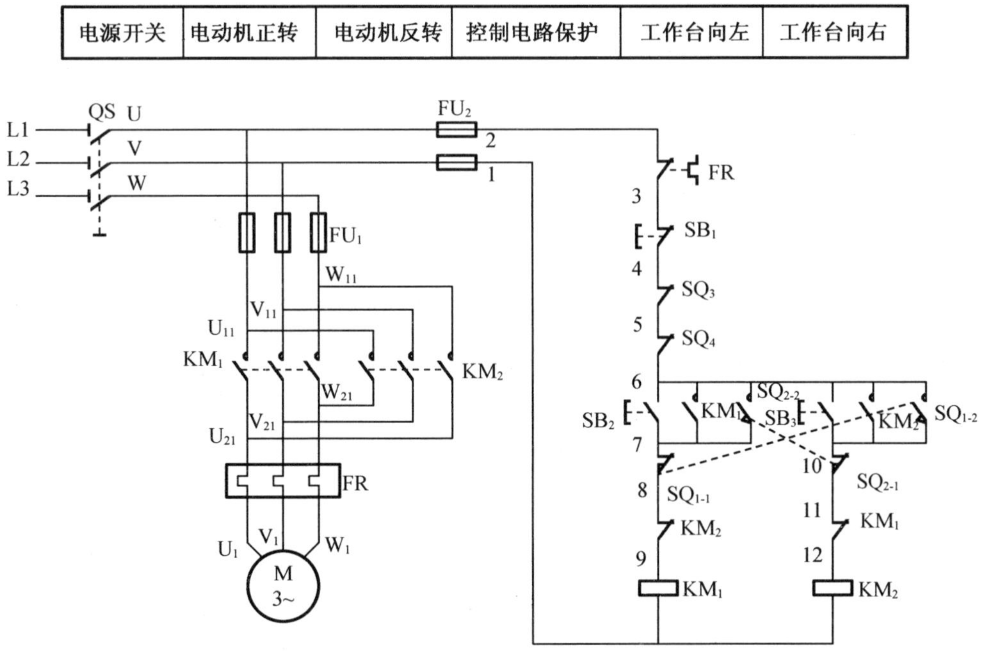

(a)

图5－4　自动往返行程控制线路图

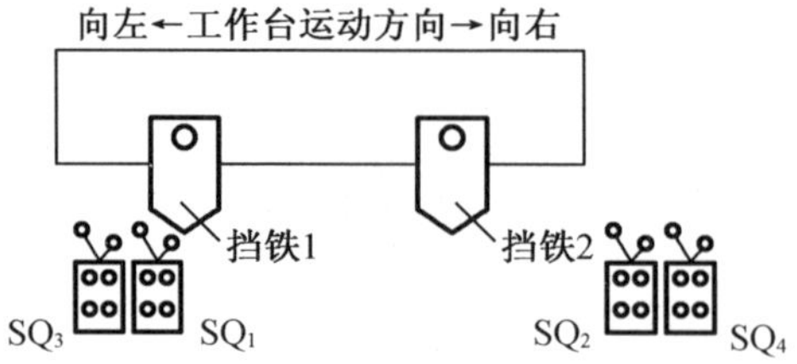

(b)

图 5－4(续)

任务四　星－三角形启动控制线路安装接线

一、实训目的

1. 掌握三角形异步电动机绕组端点间与电源间在三角形(△形)连接和星形(Y 形)连接时的接线方式。

2. 通过实训,掌握星－三角形启动控制线路的功能。

3. 根据实际元件布置正确绘制电气原理图及布线图,并进行实际接线,掌握线头及接点的处理工艺。

4. 对实训结果进行分析,对实训中出现的故障进行分析并排除。

二、预习要求

1. 了解常用电工工具的使用方法。

2. 复习接触器、继电器、按钮等器材的工作原理及图形符号。

3. 复习电动机启动的方法和降压启动的控制线路图。

4. 复习船舶电气线路的布线图及接线工艺。

5. 了解星－三角形启动控制线路的常见故障及分析方法。

三、实训原理

图 5－5 所示为星－三角形时间继电器控制的启动线路,其中时间继电器 KT 为通电延时型,它有两个触点:延时断开的常闭触点和瞬时闭合的常开触点。KM_1、KM_2、KM_3 是 3 个交流接触器。启动时 KM_3 工作,电动机接成 Y 形;运行时 KM_2 工作,电动机接成△形。

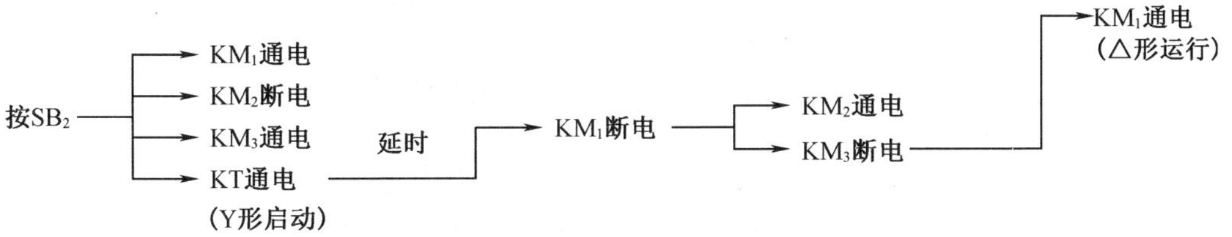

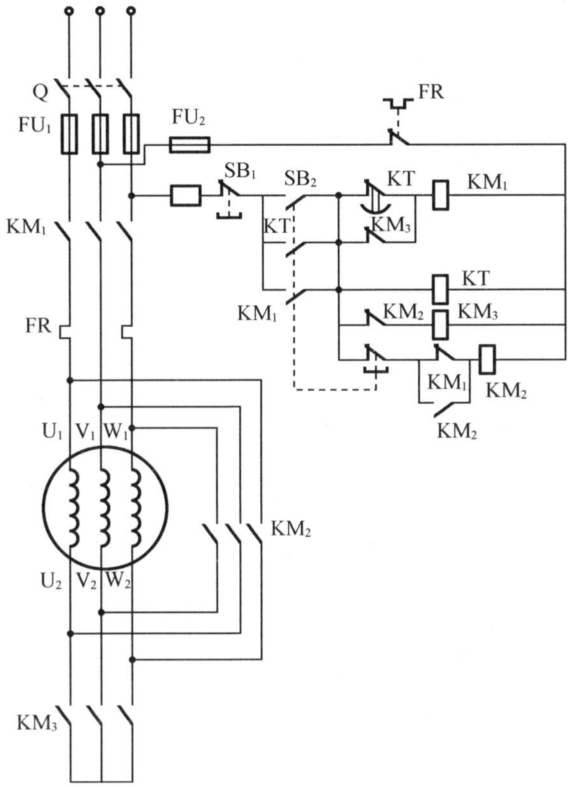

图 5-5　星-三角形启动控制线路图

图 5-6 所示为星-三角形按钮控制的启动线路，其动作次序如下。

（1）电动机 Y 形接法降压启动

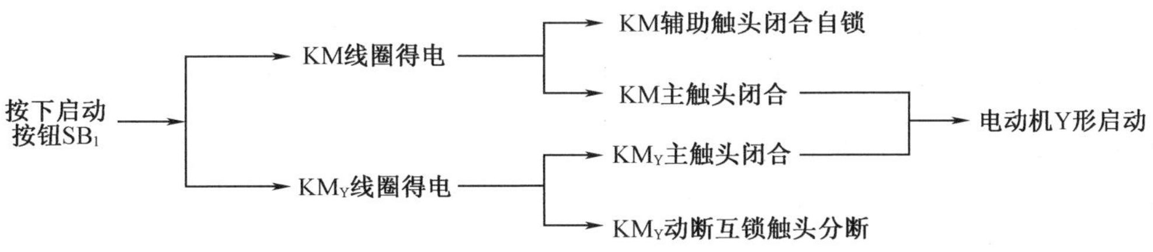

（2）电动机△形接法全压运行

当电动机转速升高到一定值时，按下按钮 SB_2，使电动机△形运行。

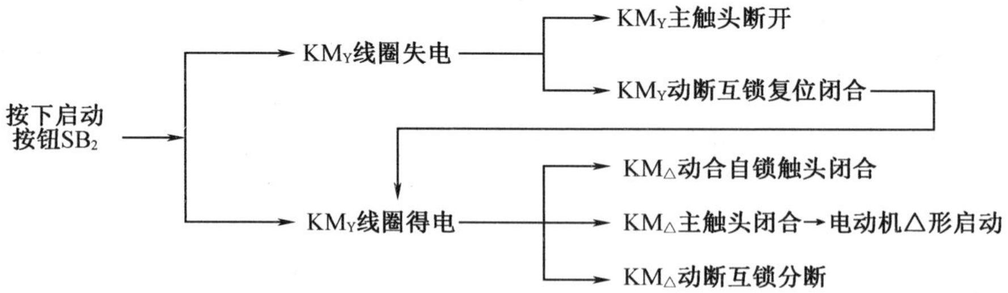

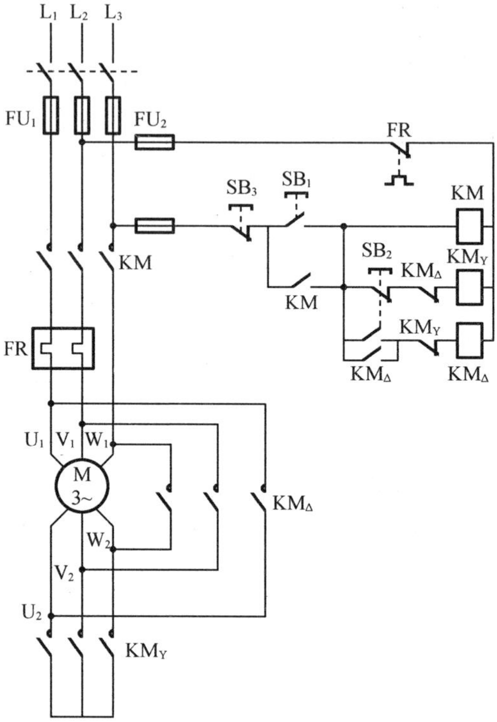

图 5－6　星－三角形按钮控制启动线路图

按下 SB_3 即可实现停止。

四、实训内容

1. 听取教师介绍实训室情况，讲解实训基本技术及注意事项。
2. 对照电气原理图，检查设备材料是否符合要求。
3. 根据电气原理图绘制电气布线图。
4. 根据绘制的电气布线图进行布线。
5. 自检是否存在故障，进行分析并排除。
6. 经教师认可后进行通电试验。

五、实训器材

万用表、常用电工工具、三相异步电动机、实训板、接触器、继电器、按钮等。

六、实训报告要求

1. 说明星 - 三角形启动控制线路的工作过程。

2. 分析电动机各种保护环节。

任务五　制动控制线路安装接线

一、实训目的

1. 通过实训，掌握几种常用的电气制动的方法。

2. 根据实况正确绘制电气原理图及布线图，并进行实际接线，掌握线头及接点的处理工艺。

3. 对实训结果进行分析，对实训中出现的故障进行分析并排除。

二、预习要求

1. 了解常用电工工具的使用方法。

2. 复习接触器、继电器、按钮等器材的工作原理及图形符号。

3. 复习电气制动的常用方法及应用。

4. 复习船舶电气线路的布线图及接线工艺。

5. 了解电气制动控制线路的常见故障及分析方法。

三、实训原理

1. 能耗制动

图 5 - 7 所示为异步电动机能耗制动控制线路。启动时，按 SB_2，KM_1 通电，并自锁；KM_2 断电，制动时直流电流由接成桥式的整流电源供给，使用 KT 时间断电器的延时断开触点，串联在 KM_2 线圈回路。制动时，线路的动作次序如下。

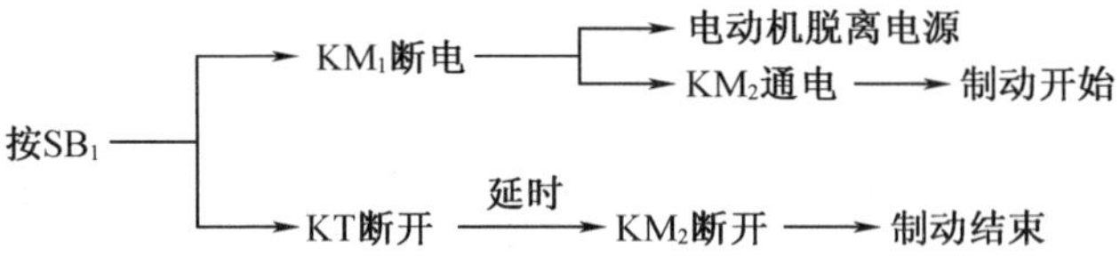

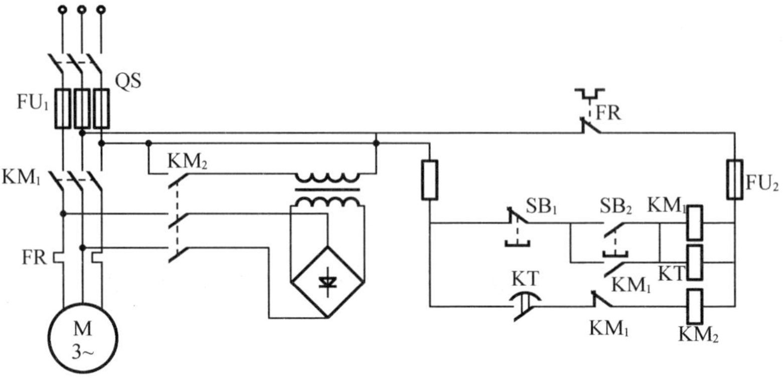

图 5－7　异步电动机能耗制动控制线路图

2. 反接制动

反接制动控制线路如图 5－8 所示。制动时，线路的动作次序如下。

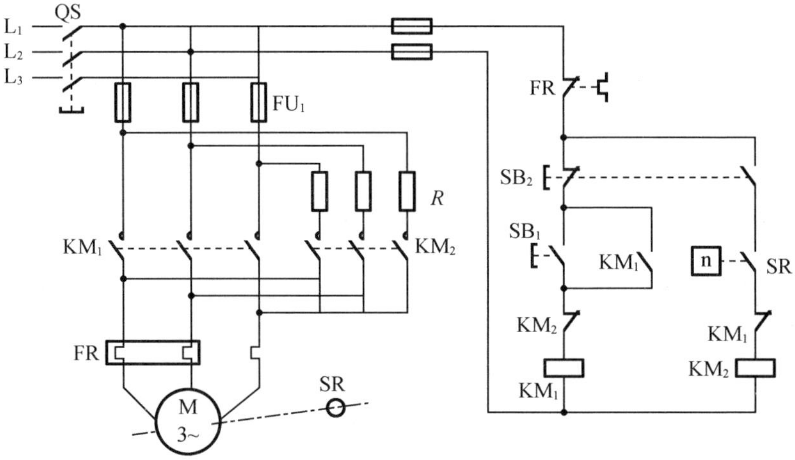

图 5－8　单向启动反接制动控制线路图

先合上电源开关 QS，然后进行下列操作。

(1) 单向启动

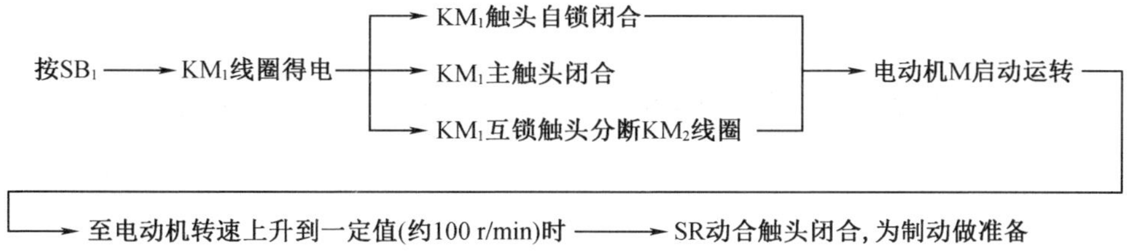

(2)反向制动

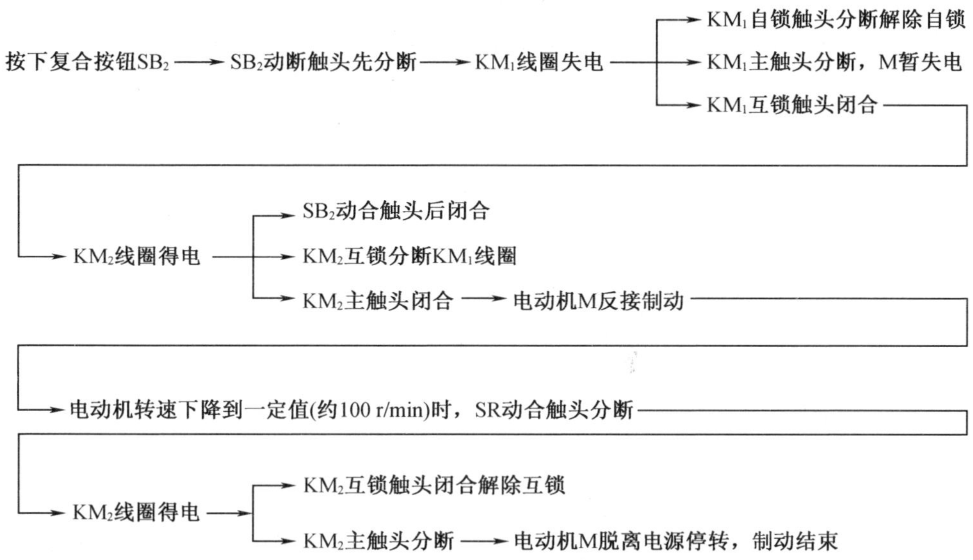

四、实训内容

1. 听取教师介绍实训室情况，讲解实训基本技术及注意事项。
2. 对照电气原理图，检查设备材料是否符合要求。
3. 根据电气原理图绘制电气布线图。
4. 根据绘制的电气布线图进行布线。
5. 自检是否存在故障，进行分析并排除。
6. 经教师认可后进行通电试验。

五、实训器材

万用表、常用电工工具、三相异步电动机、实训板、接触器、继电器、按钮等。

六、实训报告要求

1. 说明电气制动控制线路的工作过程。
2. 分析电动机各种保护环节。

任务六　交流双速锚机线路及故障排除

一、实训目的

1. 在掌握电力拖动基本环节的基础上，进一步掌握各环节在实际生产中的应用。

2. 学会通过电气测量的办法判断故障，并能在实际工作中灵活运用。

3. 培养学生检查、分析和判断交流双速锚机故障的综合能力。

二、预习要求

1. 了解常用电工工具的使用方法。

2. 复习船舶电气线路的布线图及接线工艺。

3. 了解交流双速锚机线路的常见故障及分析方法。

三、实训原理

1. 交流双速锚机电气控制线路图说明

交流双速锚机电气控制线路如图 5－9 所示。其中各元件符号、名称、作用如下。

（1）R_4 为放电电阻，作用是把刹车线圈断电瞬间产生的高压消耗在电阻上，防止高压损坏元件。

（2）R_3 为维持电阻，作用是维持刹车的打开，防止刹车打开引起的电流增大导致刹车线圈老化。

（3）ZL_1、ZL_2 为硅整流器，作用是把交流电整流成脉动的直流电。

（4）C_1、C_2 和 R_1、R_2 为电容和电阻，组成阻容吸收，有滤波作用和吸收高压作用。

（5）B 为变压器，作用是改变交流电压的大小。

（6）LK 为开关，作用是主令控制器电源开关。

（7）1RD、2RD 为熔断器，作用是交流控制电路短路保护。

（8）3RD、4RD 为熔断器，作用是直流控制电路短路保护。

（9）TA 为应急按钮，作用是在电机过载保护时，按下它可应急运行锚机。

（10）DK 为旋转开关，即主电源开关。

（11）LK_1、LK_2、LK_3、LK_4、LK_5 为主令控制器触点，通过操作手柄转动，可接通或断开各条控制线路。

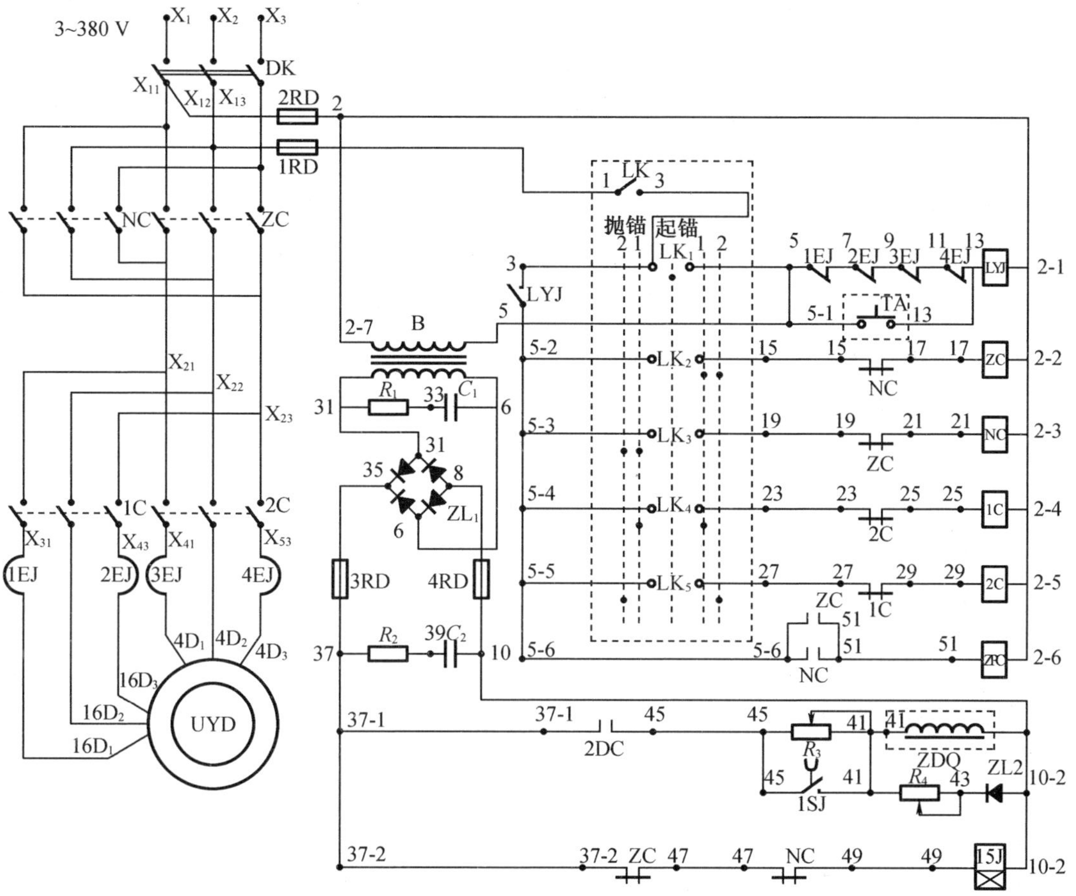

图 5－9　交流双速锚机电气控制原理图

（12）1EJ、2EJ、3EJ、4EJ 为热继电器，是电机低速、高速的过载保护。

（13）1SJ 为时间继电器，可通过时间长短来控制触点的通断。

（14）LYJ 为零压继电器，防止设备因电源断电后又自动恢复供电，造成失控状态下的自动运行。

（15）1C、2C 为速度接触器，可通过主触点的连接，使电机低速或高速运行。

（16）ZC、NC 为方向接触器，可通过主触点的连接，使电机向着不同的方向旋转。

（17）ZDC 为制动接触器，可控制直流刹车线圈的通电与断电。

（18）ZDQ 为直流制动器，其刹车线圈通电刹车松开，刹车线圈断电刹车制动。

（19）UYD 为交流双速电动机，是电动锚机的马达。

2. 交流双速锚机起锚工作原理。

（1）合上主电源开关 DK，主电路运行准备，控制电路运行准备。

（2）合上主令控制器电源开关 LK，线圈 LYJ、线圈 1SJ 得电动作。LYJ（3，5）闭合自锁，主令控制器操作准备。1SJ(45′,41′)闭合,短接 R_3,确保刹车线圈全压打开。电机运行准备。

(3)主令控制器扳至起锚一挡,线圈 ZC、线圈 1C 得电动作。ZC(19,21)断开,连锁线圈 NC。ZC(5,51)闭合,线圈 ZDC 得电动作。ZC(37,47)断开,线圈 1SJ 失电。1C(27,29)断开,连锁线圈 2C。ZC、1C 主触点闭合,电机低速线圈得电,低速运行准备。

(4)线圈 ZDC 得电动作。ZDC(37,45)闭合,线圈 ZDQ 得电动作。

(5)线圈 ZDQ 压得电动作。刹车打开,电机低速起锚启动运行。1SJ(45′,41′)触点延时恢复常开,串入 R_3,使刹车维持吸合。

(6)主令控制器扳至起锚二挡,线圈 1C 失电触点恢复,线圈 2C 得电动作。2C(23,25)断开,连锁线圈 1C。2C 主触点闭合,电机中速起锚启动运行。

(7)主令控制器扳回起锚一挡,电机低速起锚运行。

(8)主令控制器扳回零位,电机停转,电机运行准备。

(9)抛锚同理,ZC 换成 NC。

(10)断开 LK,断开 DK,断开主电源,结束。

四、常见故障分析

(1)合上主令控制器电源开关 LK,线圈 LYJ、线圈 1SJ 不动作

DK 的 X_{11} 号⟷线圈 LYJ 的 2 号,检查其中连接的导线。

DK 的 X_{12} 号⟷∅的 1 号,检查其中连接的导线。

∅的 5 号⟷线圈 LYJ 的 13 号,检查其中连接的所有元件和导线。

(2)1SJ 线圈不动作

2RD 的 2 号⟷B 的 2 号,检查其中连接的导线。

∅的 5 号⟷B 的 5 号,检查其中连接的导线。

B 的 31 号⟷ZL_1 的 31 号,检查其中连接的导线。

B 的 6 号⟷ZL_1 的 6 号,检查其中连接的导线。

ZL_1 的 35 号⟷线圈 1SJ 的 49 号,检查其中连接的导线和两个触点。

ZL_1 的 8 号⟷线圈 1SJ 的 10 号,检查其中连接的导线。

(3)起锚一挡,线圈 ZC、线圈 1C、线圈 ZDC、线圈 ZDQ 不动作

B 的 2 号⟷线圈 ZC 的 2 号,检查其中连接的导线。

∅的 15 号⟷线圈 ZC 的 17 号,检查其中连接的所有元件和导线。

(4)线圈 1C、线圈 ZDC、线圈 ZDQ 不动作

B 的 2 号⟷线圈 1C 的 2 号,检查其中连接的导线。

∅的 23 号⟷线圈 1C 的 25 号,检查其中连接的所有元件和导线。

(5)线圈 ZDC、线圈 ZDQ 不动作

B 的 2 号⟵⟶线圈 1C 的 2 号,检查其中连接的导线。

∅的 5 号⟵⟶ZC(5,51)常开触点的 5 号,检查其中连接的导线。

ZC(5,51)常开触点的 51 号⟵⟶线圈 ZDC 的 51 号,检查其中连接的导线。

(6)线圈 ZDQ 不动作

ZDC(37,45)常开触点的 45 号⟵⟶1SJ(45′,41′)延时常开触点的 45′号,检查其中连接的导线。

1SJ(45′,41′)延时常开触点的 41′号⟵⟶∅的 41 号,检查中连接的导线。

(7)起锚二挡,线圈 2C 不动作

B 的 2 号⟵⟶线圈 2C 的 2 号,检查其中连接的导线。

∅的 27 号⟵⟶线圈 2C 的 29 号,检查其中连接的所有元件和导线。

抛锚同理,ZC 换成 NC。

五、实训内容

在看懂电气原理后,将各条线路在锚机上的布置位置分别辨明,并牢记各操作位置。

1. 电路故障判断及排除训练

(1)在如图 5－9 所示的控制电路中,教师人为设置一处故障,如断线、接触不良或 RD 熔断等。

(2)学生根据技能训练中的分析思路进行分析、判断和处理。

(3)故障查出后即可排除,学生把分析思路叙述一遍,总结经验并记录。排除故障后,经教师许可送电试车。

(4)在主电路中设置电源缺相、主回路电动机接线端接触不良或开路的故障。

(5)学生根据故障检查、分析、判断,根据所测量的数据判断故障并及时处理。故障排除后,经教师检查许可后,送电试车。

注意事项:操作者应穿绝缘鞋并有人监护;使用万用表测电压时注意表的挡位切换。

2. 综合故障的分析、判断及排除

(1)教师在电路中任何一处或几处设置单一或重复隐蔽故障。

(2)学生通电试车后,开始检查分析故障,每排除一处故障可送电试车一次,教师应记录操作步骤及时间,直至故障全部排除。

(3)排除故障后,学生分析故障所引起的现象,并整理分析思路,有哪些可取,哪些不可

取之处,并记在实习记录中。

(4)各种仪器仪表的使用须符合规范要求。

该类实训内容在综合性实践中都以故障排除的形式加以实现,因此以后不再一一进行实训内容叙述。

六、实训器材

万用表、交流双速锚机控制线路各一套、常用电工工具。

七、实训报告要求

1. 说明电气控制线路的工作原理。

2. 按故障设置分析故障现象及排除过程。在设计性实践中要以小论文的形式完成。

任务七　船舶锅炉水箱水位电极式控制系统

一、实训目的

1. 在掌握电力拖动基本环节的基础上,进一步掌握各个环节在实际生产中的应用。

2. 根据实况正确绘制电气原理图及布线图,并进行实际接线,对实训结果进行分析。

3. 学会通过电气测量的办法判断故障,并能在实际工作中灵活运用。

4. 培养学生检查、分析和判断系统故障的综合能力。

二、预习要求

1. 了解常用电工工具的使用方法。

2. 复习船舶电气线路的布线图及接线工艺。

3. 了解电气控制线路的常见故障及分析方法。

4. 复习船舶锅炉水箱水位电极式控制系统的一般原理。

三、实训原理

图 5－10 所示为电极式水箱水位高度自动控制系统,最高水位在 H 位置,最低水位在 L 位置,改变高低两根电极棒插入水箱中的高低位置,即可改变高低水位的设定值。为帮助

读图,现提几个问题:①接触器KM与电磁阀C之间是什么关系?②高低水位设置太近,有什么缺点?③水箱出水阀对系统起什么作用?

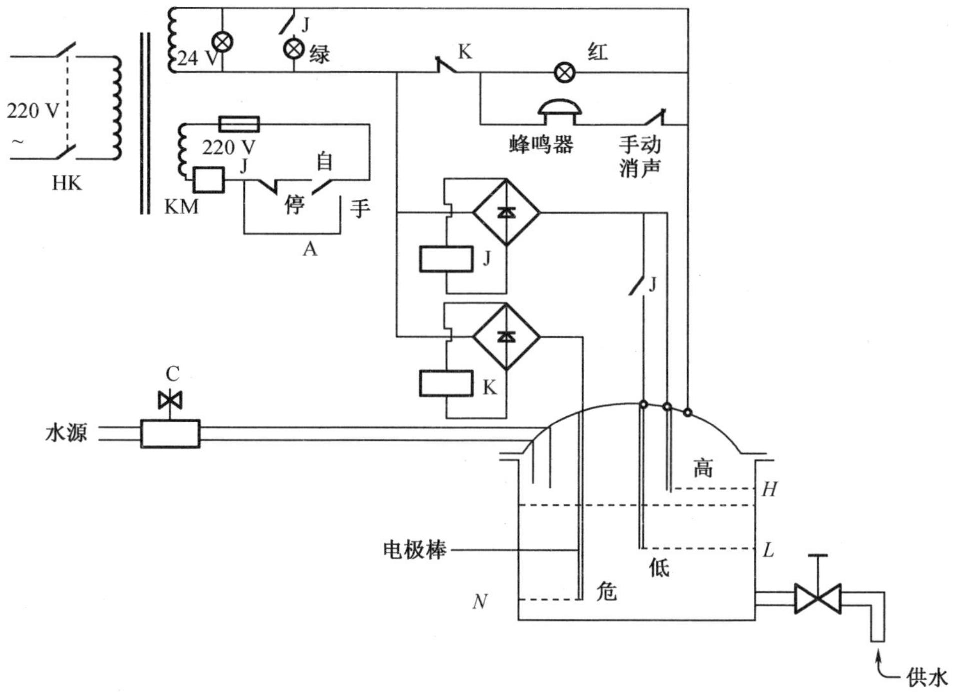

图5-10　电极式水箱水位高度自动控制系统

四、实训内容

1. 听取教师介绍实训室情况,讲解实训基本技术及注意事项。
2. 理解电气原理图,了解系统构成框图。
3. 熟悉电气布线图,并测绘或核对电气系统图。
4. 按设置的故障进行分析并排除。

五、实训器材

常用电工工具、实训板、接触器、继电器、按钮、万用表等。

六、实训报告要求

1. 说明电气控制线路的工作原理,并画出闭合控制系统框图。

2. 分析电气故障的现象、故障点和排除过程。在设计性实践中则以小论文的形式完成。

提示：

(1) KM 接触器接通后，通过它的触点和另外的电源，接通电磁阀线圈 C，打开水泵进水管路，进水。当 KM 断电后，则 C 也断开，阀门关闭，此部分线路在本线路图（图 5－10）中没有画出来。

(2) 假设高低水位高度设置太近，会使 KM 接触器调整，动作频繁。只要水箱放水，系统就要调整，使电器容易疲劳、损坏，此时属双位控制，高低水位之间应有一定的间隔。

(3) 出水阀放水，实质是干扰了原水位的平衡状态，所以出水阀关、开动作是一个干扰动量。放水到水位下限时，系统就进行调整，直到水位达到高水位，调整暂时停止。

任务八　单动舵机控制电路

一、实训目的

在掌握电力拖动基本环节的基础上，通过在实际生产中的应用实例，培养学生检查、分析和判断系统故障的综合能力。

二、预习要求

1. 了解常用电工工具的使用方法。
2. 复习船舶电气线路的布线图及接线工艺。
3. 了解控制线路的常见故障及分析方法。

三、实训原理

单动舵机控制电路如图 5－11 所示。为了更好地理解线路原理，先思考几个问题：①在线路中，分析如何启动舵机。②它是什么类型的舵机？是电动型还是电动液压型？③交流电动机有哪几种制动形式？本例属哪种？能耗制动过程是怎么实现的？④本例中行程控制（限位控制）起什么作用？是哪个元件完成此功能的？⑤热继电器已动作，但要紧急用舵，应如何操作？⑥线路中二极管起什么作用？⑦香蕉手柄是一个什么开关？其动作原理是什么？

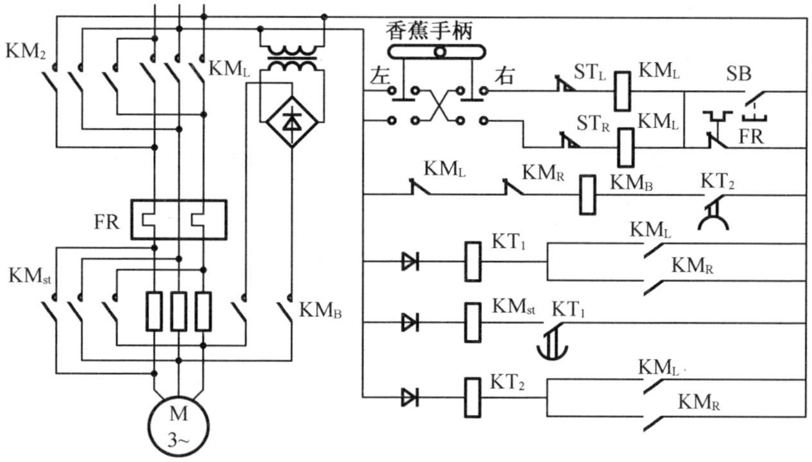

图 5 -11　单动舵机控制电路图(香蕉柄舵)

四、实训内容

1. 听取教师介绍实训室情况,讲解实训基本技术及注意事项。

2. 理解电气原理图,分析每个环节的功能;熟悉电气布线图。

3. 按设置的故障进行故障排除。

五、实训器材

常用电工工具、实训装置、万用表。

六、实训报告要求

1. 说明电气控制线路的工作原理。

2. 分析电气故障的现象、故障点和排除过程。在设计性实践中则以小论文的形式完成。

提示:

(1)通过香蕉手柄向左(或向右)压下,接通 KM_L(或 KM_R)接触器,串电阻启动舵机电动机,经 KT_1 延时后接通 KM_{st}接触器,切除电阻。

(2)此例给出的是电动舵机。假设是电动液压型舵机,则电动机一般是恒速的,且不受操舵手柄的控制。

(3)交流电动机制动,有反接、能耗和回馈三种形式,本例属于能耗制动。能耗制动需要直流电源,由整流桥电源供给,当香蕉操舵手柄放松后,KM_L(或 KM_R)接触器断电,切断 KT_2 支路,但 KM_B 仍通电;进行能耗制动,此时电动机定子绕组通入直流电流,经一定延时后，KM_B 断电，制动结束。

（4）限位（行程）开关 ST_L 或 ST_R 装在舵叶转动的两侧（如偏舵 ±35°处），用于限制转舵角。

（5）当热继电器过载动作时，又遇到需要紧急用舵，此时可按下 SB 按钮，即短接热继电器触点，强迫接通左右舵接触器进行操舵。

（6）线路二极管起整流作用。KT_1、KT_2 为滞留时间继电器。

（7）香蕉手柄是一种左右两侧都可按下的按钮，有机械互锁功能，但左右不能同时按下，如左按下，则 KM_L 接通，右按下，则 KM_R 接通。

任务九　船用泵自动切换控制

一、实训目的

1. 在掌握电力拖动基本环节的基础上，进一步掌握各环节在实际生产中的应用。
2. 根据实况正确绘制电气原理图及布线图，并进行实际接线，对实训结果进行分析。
3. 学会通过电气测量的方法判断故障，并能在实际工作中灵活运用。
4. 培养学生检查、分析和判断系统故障的综合能力。

二、预习要求

初步设计好电气原理图及接线图。

三、实训原理

在船舶机舱中，燃油泵、滑油泵、冷却水泵等为主、辅机服务的泵，不仅要求在集中控制室内能对其进行手动遥控启动、停车，而且要求在运行中出现故障时备用泵能自动启动投入运行，以确保主、辅机安全、正常工作。

在排故前，首先要弄懂线路原理，其次要知道原理图上各节点在实物设备上如何查找，即了解原理图与安装图间的对应关系。图 5 - 12 所示为机组自动切换控制线路。为配合分析故障现象与寻找故障点，特提出下列问题，帮助复习原理并供故障现象分析参考之用：① b_1 转换开关共有几层？几挡位置？开关旁边的符号是什么含义？②水（油）泵电机不能启动，应从哪条电路的支路上分析、查找？③b_2 压力开关有压力时，开关哪两点接通？无压力时，又是哪两点接通？④1 号水（油）泵电机启动后，油压不能建立，但电路不能切换，原因何在？⑤1 号水（油）泵启动后，压力先是建立，过几分钟后又下降，电路应不应该切换？如不能切换,原因是什么?⑥机组切换后原机组不能停止,原因何在?

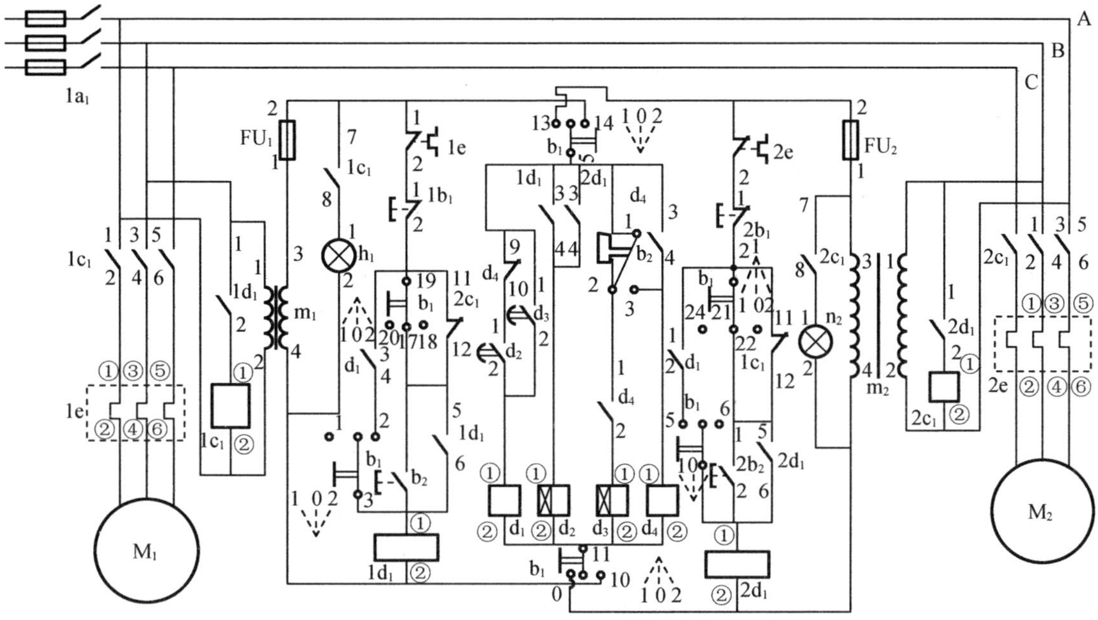

图 5 - 12　机组自动切换控制线路

四、实训内容

1. 听取教师介绍实训室情况,讲解实训基本技术及注意事项。

2. 在综合性实践中按设置的故障进行排除,并能分析故障现象。

五、实训器材

常用电工工具和万用表。

六、实训报告要求

1. 简述线路基本原理。

2. 分析故障原因及其排除过程。在设计实践中要以小论文的形式完成。

提示:

(1)在图 5 - 12 中,b_1 万能转换开关共有 6 层 3 挡位置,开关旁边标注的符号,表示左、中、右共 3 挡位置,如开关放在某一挡位置时,其他各层开关亦都同时在该挡位置,有同步作用。

(2)水(油)泵电动机不能启动,一般要在启动支路中找故障点,如按钮 $1b_2$ 按下,$1d_1$ 是否动作，$1c_1$ 是否动作，热继电器 1e 是否动作过。若 $1d_1$ 不动作，则需测量 $1d_1$ 两端电压逐点扩开，所以故障点寻找是多种多样的，但要顺着启动思路查找。另外要掌握使用万用表检查断路点和短路点的方法。

(3)压力开关 b_2 没有建立压力时，节点 1,2 是接通的；建立压力后，开关倒向另一侧，此时节点 1,3 接通，1,2 断开。

(4)水(油)泵电动机启动后，油压不建立，b_2 开关节点 1,2 接通，则电路将通过 d_2 时间继电器，使 d_1 接通，又通过它的触头 $d_1(1,2)$ 接通 $2d_1$，使备用泵启动，若不动作，则应顺着思路检查 d_2—d_1—$2d_1$，多数是由于电路开路或短路所致。

(5)水(油)泵电动机启动后，油压建立，所以 d_4 继电器接通并自锁，当压力又掉下来时，说明油路有故障，则电路将通过 $d_3(1,2)$ 触点接通 d_1 继电器，然后接通 $2d_1$ 继电器，启动备用泵。顺着此思路，查找各条支路的故障点。

(6)如 M_1 在运行状态，M_2 为备用状态。当运行机组有故障，此时 M_2 机组已启动，照例，它通过 $2c_1(11,12)$ 常闭触头断开 M_1 的原来运行机组，因此应检查 $2c_1(11,12)$ 支路的断开情况。

真实的故障点可能很多，要逐点排除，排除故障过程也是学会电路分析、提高实践能力的过程。

任务十　发电机组手动并车、解列的正确操作

一、实训目的

通过实训掌握柴油发电机组手动并车、解列的正确操作方法。

二、预习要求

1. 复习柴油发电机建立压力的基本条件。
2. 复习柴油发电机组并车的基本条件。
3. 复习柴油发电机组解列的基本条件。

三、实训原理

1. 并车条件、操作程序和注意事项

(1)并车条件

理想并车条件是待并机的电压 U_2 与运行机(或电网)的电压 U_1 有效值相等(U_1 =

U_2)、频率相等、相位相同(或初相角相等)、相序一致。然而实际并车时前三个条件不可能达到完全一致,允许有一定的误差,而且也需要有一定的频率差才能并车。因此,手动准同步并车条件是:有效值电压差 $\Delta U < 10\% U_2$,相位差 $\Delta\omega < 15°$,频率差 $\Delta f < \pm 0.5$ Hz(频率周期 $T = l/\Delta f > 2$ s)

(2)并车条件简要说明

图 5－13 所示为并车单相等效电路。U_1 为运行发电机的端电压(即电网电压),U_2 是待并机的空载电压,在合闸前如果符合并联运行条件,则在任何瞬时待并机开关两端的电压 $U = U_2 - U_1 = 0$。这种情况如果用旋转相量表示,则如图 5－14(a)所示,有效值电压大小相等、频率相同、相位一致,两旋转相量保持相对静止;如果仅电压有效值不等而其余条件符合,则如图 5－14(b)所示;图 5－14(c)和图 5－14(b)表示仅两机频率不同时两旋转相量的相对运行关系,即设运行机电压相量 U_1 相对静止不动,待并机电压相量 U_2 以一定频率差相对于 U_1 旋转。图 5－14(c)所示为 $f_2 > f_1$,图 5－14(d)所示为 $f_2 < f_1$。由图可见,除符合并联条件的图 5－14(a)情况外,其他情况的两电压之差 $\Delta U = U_2 - U_1$ 都不等于零,而且图 5－14(c)和图 5－14(d)的电压差及相位差是随着时间由零到最大、再由最大到零周期性变化的。当 U_2 变化到与 U_1 相差 180°(反相)时,电压差最大,等于电压有效值的两倍。由于在合闸时必然引起冲击电流,电压差最大,冲击电流最大。冲击电流大就会使开关跳闸,甚至对机组造成损伤。

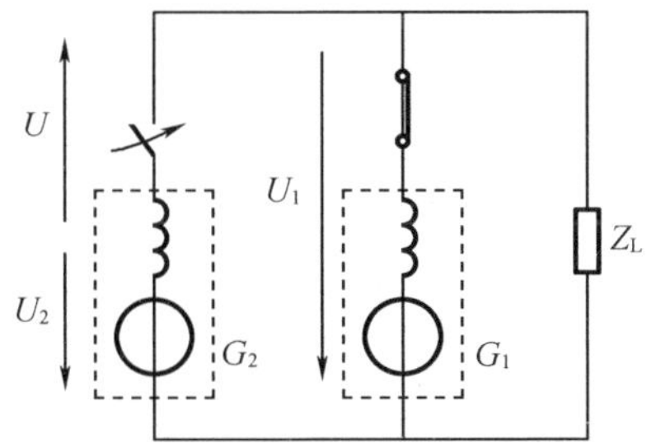

图 5－13　并车单相等效电路

(3)并车程序

①启动待并机组。先检查启动条件:冷却水、滑油、燃油、启动气源或电源。

②启动后检查发电机的三相电压。检查是否建立起额定电压,是否缺相。

③进行频率预调。通过调速开关调整待并机组转速,使待并机与电网的频率接近。

④进行整步、合闸操作。将同步表选择开关转向待并机,先调整频差,使同步表指针 3～5 s 转一圈;待指针转到接近红色“同相点”时按下合闸按钮。

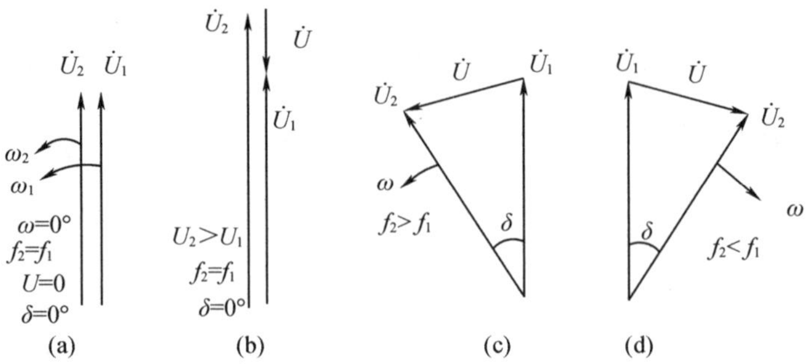

图 5-14　不同情况下并车电压差

⑤转移负载。即同时向相反方向调整两机组的调速开关，使新投入机“加速”、原运行机“减速”，直到两机功率表读数相等（同容量）。

⑥最后断开同步表，并车完毕。

(4)并车整步时频率差、相位差的检测方法

由于发电机都有自动恒压装置，只需检查初始电压是否正常而不需要手动调节。一般情况下相序接线也是正确的，因此整步操作实际就是调整频差和相位差两个条件。

检测方法有整步表法和整步灯法两种，整步灯法又分灯光明暗法（简称暗灯法）和灯光旋转法（简称灯亮法），因此实际是有三种方法，多数船舶同时采用整步表法与灯光明暗法。

①整步表法：如图 5-15 所示，整步表指针相对于红色“同相点”的旋转反映的是待并机电压旋转相量相对于静止的电网电压相量的旋转，因此指针旋转一圈的时间就是频率周期 T；指针向“快”的方向旋转即为正频差，$f_2>f_1$，向“慢”的方向转即为负频差，$f_2<f_1$；指针离开“同相点”的角度，即为相位差角。因此它可用来检测频差和相位差。

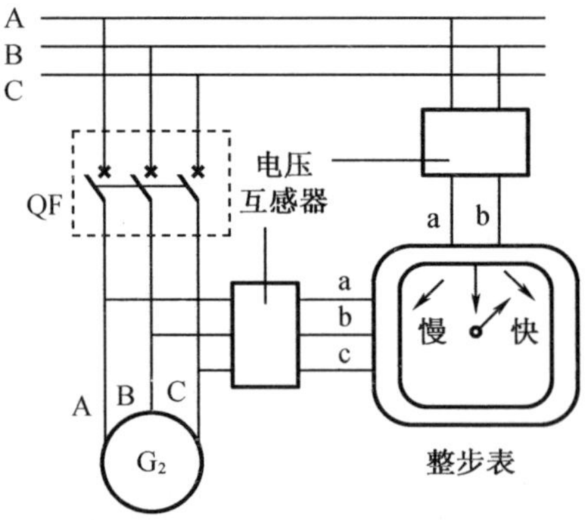

图 5-15　整步表法电路图

②灯光明暗法：图 5-16 所示为灯光明暗法的接线原理。三盏灯分别跨接在电网和待并机的 A、B、C 三相的同名相两端，每个灯两端的电压差 $\Delta U=U_2-U_1$，由于 ΔU 由零到最大

（$\Delta U=2U_1$）周期性变化，故三盏灯同时由暗到最亮周期性变化。明暗一个周期的时间即为频率周期 T；最暗时 $\Delta U=0$，为同相；最亮时 $\Delta U=2U_1$，为反相。因此，当灯光每 3 ~5 s 明暗一次（频差条件），在接近灯光暗区的中心时（同相位条件），按下合闸按钮。

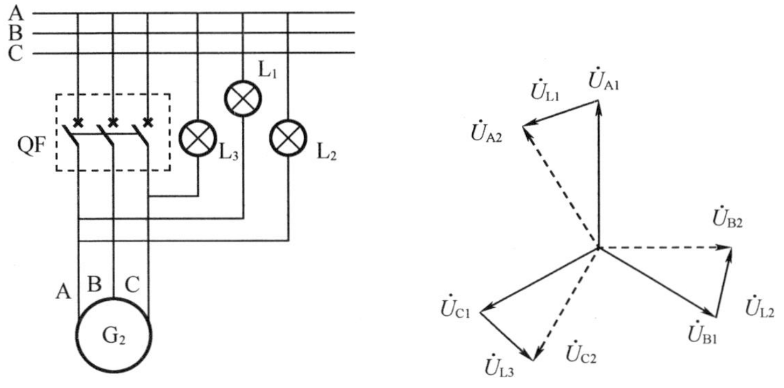

图 5－16　灯光明暗法线路原理图

③灯光旋转法：图 5－17 所示为灯光旋转法的接线原理图。只有一盏“标志灯”跨接在同名相（如 A 相）两端，该灯明暗所反映的情况与明暗法完全相同，另外两盏灯分别交叉跨接在异名相两端。由于这种连接使三盏灯两端的电压差发生不同相位的周期性变化，故三盏灯依次轮流明暗，形成灯光旋转。当 $f_2>f_1$ 时，依 L_1—L_2—L_3 的次序顺时针旋转；当 $f_2<f_1$ 时，依 L_1—L_3—L_2 的次序逆时针旋转。可见灯光旋转法能鉴别待并机的频率的“快”或“慢”，这是旋转法的优点。当灯光 3 ~5 s 旋转一周（频差条件）和同名相的“标志灯”暗、两异名相灯同样亮（同相位条件）时，按下合闸按钮。

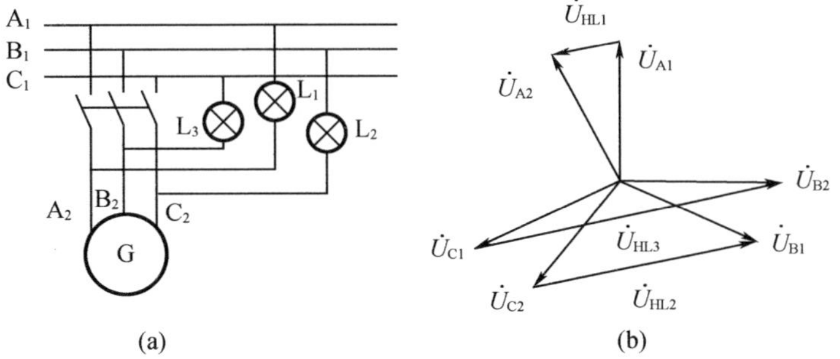

图 5－17　灯光旋转法接线原理图

（5）并车操作注意事项

①允许频差不能偏大也不可太小；

②尽量避免逆功率；

③按合闸按钮应有适当的提前相角；

④绝对禁止 180°反相合闸；

⑤不能大于允许频差下合闸；

⑥合闸时应避开突然扰动；

⑦并车完毕要及时断开同步表。

(6)手动粗同步并车

手动准同步并车对操作技术要求较高,而粗同步并车方法对接通的相位条件要求不高。粗同步并车也称为电抗器并车,其原理是当调节待并机达到允许频差条件后,可在小于 180°的任一相位下先在电网和待并机之间接通一限流空心电抗器 X(粗同步电抗器)。电抗器的作用是将电网与待并机之间的非同步电压差所产生的电流限制在 1.5 倍额定电流以内,因此即使在任一相位下通过电抗器接通也不会造成大的损害。同时也是利用这个电流产生整步力矩,将并联机组拉入同步。拉入同步后再将发电机的主开关合闸,然后断开同步电抗器(电抗器只允许短时使用)。

粗同步并车的操作要注意如下四点:①整步操作的频差条件和准同步并车要求相同,要达到允许频差范围;②在允许频差条件下,当整步表的指针转到小于 180°的任何位置时,先按下粗同步电抗器接通按钮;③观察整步表指针,当指针停在红色标志点处不动时(表明在整步力矩的作用下已拉入同步),方可按下待并机主开关的合闸按钮;④最后断开同步表,并车完毕。

2. 并联运行同步发电机解列

当电网总负荷小于一台机的 70% 额定容量、机动航行状态结束或替换机组时,都需要将并联机组之一退出并联运行。发电机退出并联运行的过程叫作解列。

(1)解列操作程序

首先将全部负荷转移给留用运行机,即同时向相反方向操作两机组的调速开关,解列机“减速”、留用机“加速”,以保持电网频率不变。待解列机功率接近零时按下脱扣按钮,然后停机。

(2)注意事项

①不能直接带载解列拉闸；

②避免逆功率；

③防止过载。

四、实训内容

1. 听取教师介绍实训室情况,讲解实训基本技术及注意事项。

2. 正确启动柴油发电机。

3. 正确使用步表。

4. 准确判断并车条件。

5. 正确进行负载的转移、解列及停车。

6. 按实训设计的步骤完成实训报告。

五、实训器材

发电机组、配电屏等。

六、实训报告要求

1. 简述线路基本原理。

2. 分析故障原因及其排除过程。在设计实践中要以小论文的形式完成。